U0871132

作家走进校园

ZUOJIA ZOUJIN XIAOYUAN

为你打开

一扇门

赵丽宏的18堂语文课

为你打开
一扇门

赵丽宏的18堂语文课

赵丽宏
著
/
陈迩
选评

长江出版传媒 | 崇文书局

图书在版编目（CIP）数据

为你打开一扇门：赵丽宏的 18 堂语文课 / 赵丽宏著；陈迩选评．-- 武汉：崇文书局，2022.3
（作家走进校园：彩绘版）
ISBN 978-7-5403-6574-5

Ⅰ．①为… Ⅱ．①赵… ②陈… Ⅲ．①语文课一中小学一教学参考资料 Ⅳ．① G634.303

中国版本图书馆 CIP 数据核字（2022）第 027202 号

责任编辑：曹　程
责任校对：董　颖
责任印制：李佳超

为你打开一扇门：赵丽宏的 18 堂语文课
Wei Ni Dakai Yi Shan Men:Zhao Lihong de 18 Tang Yuwen Ke

出版发行：长江出版传媒 | 崇文书局
地　　址：武汉市雄楚大街 268 号 C 座 11 层
电　　话：(027)87677133　　邮政编码：430070
印　　刷：湖北新华印务有限公司
开　　本：700 mm×960 mm　　1/16
印　　张：15
字　　数：150 千字
版　　次：2022 年 3 月第 1 版
印　　次：2022 年 3 月第 1 次印刷
定　　价：36.00 元

（如发现印装质量问题，影响阅读，由本社负责调换）

《作家走进校园》总序

《作家走进校园》是一套有意思的丛书，面对的是小学高年级的学生，其实，也适合于老师和家长阅读，特别是老师、家长和孩子一起读，乐趣会更多，效果会更好。这一次，崇文书局对这套丛书进行了重新整合，不仅精简篇幅，精心编排，而且增添了彩色插图，全书彩色印刷，图文并茂，赏心悦目，应该会让孩子更加喜欢。

这套书收录了金波、赵丽宏、吴然的作品，他们都是我国有名的作家，特别是创作了很多脍炙人口的儿童文学作品，其中很多篇章收录进中小学语文课本，孩子们都很熟悉，读他们的书，会感到很亲切。我的书也忝列其中，并且，遵照编辑之嘱，还要为这套丛书写一则总序，更是倍感荣幸，能够和孩子们有一次亲密接触和交流的机会。

在我的理解里，“作家走进校园”，有两种形式：一种是作家直接走进校园，面对面和孩子们交流；一种是作家的作品进校园，孩子们通过作家的作品和作家接触，从中学习到一些东西。显然，后一种形式，应该更普遍，也更适合孩子，因为我国中小学的学校众多，作家不可能走遍所有的校园，和所有的孩子见面。但是，作家的作品，可以更便捷地走进更多的校园。

不禁想起我自己的学生时代，那时候，物质和文化都没有现在这样的发达，作家也没有现在这样多，买书和找书更没有现在这样方便。我更多是通过到新华书店买书，或者到学校图书馆借书，读过之后，再通过抄书，来完成和作家接触的。至今想起，这样的“买书—读书—抄书”三部曲，依然觉得对我的成长帮助很大。同时，觉得这样的方式，虽然古旧，却并没有过时，便想推荐给孩子们，不必迷信“作家走进校园”中的前一种形式，一定非要直接和作家面对面地接触，作家不是明星，作家所要讲的东西，其实都尽在书中。

读书，是极个人化的事情，认真地读你心仪作家的书，同时静下心来抄一些他们书中的片段，比热闹的作家见面会，得一个作家的签名本，会更有实效。这时候，你和作家才真正是零距离心碰心的接触和交流。他们要说的话，你都可以听得清清楚楚；他们内心的秘密，你都可以探寻得仔仔细细；他们的写作方法，你也可以学习得明明白白。

我读中学的时候，没有那么多钱买书，但买的可怜的几本书，比如《李白诗选》《杜甫诗选》《陆游诗选》《宋词选》，还有郭风的《叶笛集》，泰戈尔的《泰戈尔文集》的前两卷，尽管经过了半个多世纪的颠簸，依然保存下来。更难得的是，那时候抄书抄的厚厚两本日记本，居然也真实的存在。那些作家，便成了多年友情不变乃至形影不离的真朋友。学生时代读书，镌刻在你生命的年轮里，真的是件美好的事情，是以后日子难以追回的梦境。

这两本笔记本里，其中抄录有应修人的一首小诗，墨迹褪色，记忆依旧清晰并清新。应修人不仅是五四时期的一位作家，还是一位革命烈士，牺牲的时候，只有33岁。这首小诗名字叫作《柳》，一共只有五行：

几来不见，
柳妹妹又换上新装了
——换得更清丽了！
可惜妹妹不像妈妈一样疼我，
妹妹，总不肯把换下的衣给我。

真的还记得当时抄录这首小诗的心情，感到是那样的新奇，心情是那样的兴奋。应修人用孩子的眼光看待春天刚刚回黄转绿的柳树，他把柳树清丽的枝条比作自己的小妹妹，是因为他想起了妈妈，想起妈妈的疼爱。他写得那么的委婉有致，将孩子的感情表达得那么的活泼俏皮，又那么的清新可爱。

当然，抄录的这些文字，有些当时并没有看懂，或者是似懂非懂，或者是不懂装懂。不管怎么说，抄录下来这些文字，对于我就是一种磨炼，就像跳进了水里，不管会游泳还是不会游泳，起码扑腾了一遍，沾惹上一身水花，探试了一番水的深浅。一个孩子，就是在最初的读书中像这样在懵懵懂懂的不懂、似懂非懂中慢慢长大的。

《作家走进校园》这套丛书所选的几位作家，我都非常熟悉，我相信他们，就像相信自己一样。相信孩子读他们的书，不仅会对你们的写作，同时对你们的成长都会有帮助的。好的文字，像透明的蓝天、清澈的湖水、纯净的心灵一样，是不会骗人的。在如今乱花迷眼的图书市场尤其是适合孩子阅读的书籍中，挑选起来是格外需要费心费力的。我只是希望在你们挑选了这套丛书的时候，能够多少注意我讲述我的学生时代读书的一点粗浅体会，提供给大家参考。如今买书，已经不再如我学生时代那样困难了，但买到了书，如何读，如何才能真正从中汲取营养，才是更重要的。我所强调的“买书—读书—抄书”这三部曲，其中抄书，哪怕只是抄上那么一点儿，也是很有益的，因为这是一项很重要的读书习惯和本事。如果你买到了这套书的几本或一本，希望你也能这样试一试，如此，作家才是真正走进校园，同时也走进你的心里，伴随你度过美好的少年时期。

肖复兴

2021年10月14日重阳节于北京

为你打开一扇门

——

赵丽宏的18堂语文课

用文学照见内心

序

赵丽宏曾在一篇散文中写道："所谓好作家，我以为首先必须做一个正直善良的好人，永远不说假话，其次才是文字表述的个性。"也许正因为此，翻开这本书，逐篇阅读其中的文字，首先感受到的就是道德上的明净，他的散文是温情的、澄澈的，羊脂白玉般润泽宜人。

赵丽宏对写作有虔敬之心，即便是千字短文，都章法严谨，并不信笔草草。他最初以诗名世（早在1982年便已出版第一本诗集《珊瑚》），这也是为什么他的散文虽无格律之迹，但那优美的文辞里始终有诗歌的气韵在流动，他对世界的观察亦始于一个诗人的赤子之心。

他充满柔情地讲述与孩子的交流，关于艺术，关于生活，哪怕关于生活中的暗角，一切的对话都是恳切坦诚的。他对孩子的态度，也正是他对世界的态度。他的文字在这时代显示出罕有的洁净，一直用心良苦地维护着一个纯真美好的文学世界，没有抱怨，没有戾气，不激愤，不阴郁，有的只是中国式的温情，对真善美不懈地追求与昭示。

他的文字有自己的节奏，和缓沉稳，秉承着老一辈散文家的文学传统，无论世道如何喧嚣变迁，他的散文始终不急不躁，他看周围的人、山水景物、蝼蚁众生，视角永远是平正的，温和中有刚骨，对人对事对各种艺术作品的评判，秉直不虚。

他热爱艺术，对于美的事物极其敏感，对艺术家和作品都有切身体悟，大师们的杰作在他笔下如数家珍。他写音乐，充满了诗意和画面感，不同的艺术门类，在他笔下交织流动，互相融合。他将大师之作娓娓道来，又并不脱离真实的生活现场，话题再玄奥，叙述却始终平易亲切。

他曾自言“我的所有专业，都是临时的，唯有作为一个读书人，是永远的”。虽是自谦，但他读书确是专注而广博，也因此，他的散文中，那些古今中外的文化典故都可一一信手拈来，即便寻常山水，有那万卷书蕴藉其中，便似别有幽境，更多一层文化意味。

赵丽宏的散文有独特的亲和力，他是作品收入教材最多的当代作家，连海外的华文教材亦多有收录。读者亲近他的文字，在他的伴随中成长。他将世界的美好示人，纯净柔软，没有粗粝的硬壳；他平和正直，给人以向善、向上的陶冶；他文风恳切，不从俗，不媚俗。愿本书的每一位小读者，都能从赵丽宏的散文中得到滋养。

陈　迩

目录

CONTENTS

目录 CONTENTS

目录 CONTENTS

为你打开一扇门

赵丽宏的18堂语文课

赵丽宏 作品

第1堂课 人之初

1

Lesson 1

学 步

儿子，你居然会走路了！

我和你母亲永远也不会忘记这一天。在这之前，你还整日躺在摇篮里，只会挥舞小手，将明亮的大眼睛转来转去，有时偶尔能扶着床沿站立起来，但时间极短，你的腿脚还没有劲，无法支撑你的小小的身躯。这天，你被几把椅子包围着，坐在沙发前摆弄积木。我们只离开你几分钟，到厨房里拿东西，你母亲回头望房里时，突然惊喜地大叫：“啊呀，小凡走路了！”我回头一看，也大吃一惊：你竟然站起来推开包围着你的椅子，然后不依靠任何东西，自己走到了门口！我们看到你时，你正站在房门口，脸上是又兴奋又紧张的表情，看见我们注意你时，你咧开嘴笑了，你似乎也为自己能走路而感到惊奇呢。

从沙发到房门口不过四五步路，这几步路对你可是意义不凡，这是你人生旅途上最初的几步独立行走的路。我们都没有看见你如何摇摇晃晃走过来，但你的的确确是靠自己走过来了。当你母亲冲过去一把将你抱起来时，你却挣扎着拼命要下地。你已经尝到了走路的滋味，这滋味此刻胜过你世界里已知的一切。靠自己的两条腿，就能找到爸爸妈妈，就能到达你想到达的地方，那是多么奇妙多么好的事情！

你的生活从此有了全新的内容和意义。只要有机会，你就要甩开我的手摇摇晃晃走你自己的路。你在床上走，在屋里走，在马路上走，在草地上走；你走着去寻找玩具，走着去阳台上欣赏街景，走着去追赶比你大的孩子们……

儿子，你从来不会想到，在你学步的路上，处处潜伏着危险呢。在屋里，桌角、椅背、床架、门，都可能成为凶器将你碰痛。当你踉踉跄跄在房间里东探西寻时，不是撞到桌角上，就是碰翻椅子砸痛脚，真是防不胜防。已经数不清你曾经多少次摔倒，数不清你的头上曾被撞出多少个乌青和肿块，每次你都哭叫两声，然后脸上挂着泪珠爬起来继续走你的路。摔跤摔不冷你渴望学步的热情。在室外，你更是跃跃欲试，两条小腿像一对小鼓槌，毫无节奏地擂着各种各样的地面。你似乎对平坦的路不感兴趣，哪里高低不平，哪里杂草丛生，哪里有水洼泥泞，你就爱往哪里走，只要不摔倒，你总是乐此不疲。这是不是人类的天性？在你未来的人生旅途上，必然会遇到无数曲折坎坷和泥泞，儿子啊，但愿你不要失去了刚刚开始学步的那份勇气。

起初，你摔倒的时候，总是趴在地上瞪大眼睛望我们，见我们不来抱你，你觉得有点委屈。但你很快就习惯了，并且学会了一骨碌爬起来，再不把摔跤当一回事。那次你沿着路边的一个花坛奔跑，脚下被一块大石头绊了一下，我们在你身后眼看着你一头撞到花坛边的铁栏杆上，心如刀戳，却无法救你，铁栏杆犹如一柄柄出鞘的剑指着天空！你趴在地上，沉默了片刻，才放声哭

起来。我奔过去把你抱在怀中，不忍看你额头的伤口，我担心你的眼睛！好险啊，铁栏杆撞在你额头正中，戳出一道又长又深的口子，血沿着你的脸颊往下流……

你的额头留下了难以消退的疤痕，这是你学步的代价和纪念。

儿子，你的旅途还只是刚刚开始，你前面的路很长很长，有些地方也许还没有路，有些地方虽有路却未必能通向远方。生命的过程，大概就是学步和寻路的过程。儿子啊，你要勇敢地走，脚踏实地地走。

关于武器

有人说，天下的男孩子都喜欢玩具枪。我曾经想让人们改变这种看法。儿子小时候，我坚持不给他买玩具枪。有朋友送他玩具枪，我不是束之高阁不让他看见，就是转送给别人。在他四岁之前，基本上没让他碰过玩具枪。

后来儿子渐渐开始对玩具枪产生兴趣，去玩具商店时，经常用羡慕的目光打量着橱窗里的玩具枪。终于，他向我提出要求：“爸爸，给我买一把玩具手枪吧。”

我说：“我不喜欢武器，这是人们用来杀人的玩意儿。”

儿子颇不以为然：“这不是玩具吗？别的小朋友能玩，我为什么不能玩呢？”

我执意不买，他也没有办法。但只要有机会，他就缠着我，要我为他买，而且，他的理由越来越充分：“你说不能玩，为什么店里到处都是玩具枪？如果不许小孩玩枪，店里就不应该卖出来呀！”他周围的小朋友，人人都有几把玩具枪，有机会就冲他比画，这简直是一种无法抗拒的诱惑。我终于难以和到处都是玩具枪的世界抗衡，在儿子的再三请求下，给他买了一把铜质的仿真左轮手枪。于是，家里便常常响起儿子模仿手枪射击的“啪啪”声。他还经常用枪指着我的脸或者顶着我的腰，大喊：“不许动，缴枪不杀！”我斥责他：“枪是用来对付坏蛋的，不许把枪对着自己人！”他说：“你别紧张，这是玩具嘛！”“玩具枪也不能对着自己人！”他收起枪，嘴里嘟哝道：“这么怕死，连玩具枪也害怕。”

但是时间一长，妥协的还是我。有时候，竟然一起跟他玩起来，他的枪对着我，嘴里“啪”的一声，我就捂着胸膛，假装被击中，慢慢倒下，于是他便乐不可支。然后我们再转换角色，我射击，他中弹……我一边和他玩，一边暗自困惑，我这样，是不是违背了自己原先的想法。我原先的想法是：不能在孩子的心灵中留下战争和暴力的阴影，而武器，正是战争和暴力的工具，孩子们不应该和这样的工具打交道，即便是玩具，也是如此。看来这种想法是一种不切实际的空想，孩子的玩具，完全是对成人世界的模仿，只要这世界上一天存在着武器，孩子对武器的兴趣就不会消失。回想自己小时候，不是也对玩具手枪着过迷吗？这样想着，对自己的妥协也就容忍了。

是的，我在这方面的退让实在是无可奈何的事情，而且儿子的理由似乎也成立：“不就是小孩的玩具吗，玩玩有什么关系。”他周围的世界不断地在用各种各样的方式证实着他的理由。市场上的玩具枪越来越多，国家的商店，个体户的地摊，玩具枪形形色色，千奇百怪，而且越做越像真的，玩具枪和真枪放在一起，简直分不出真假。更使人纳闷的是，介绍武器的书，也越来越多，就是在一些儿童读物上，也会刊登各种各样枪支的照片和介绍。打开电视机，每天都能看到进口的或者国产的枪战片，这些以真人真枪演示的杀戮，给孩子们的想象提供了生动形象的依据。在这样的环境中，孩子们对武器的兴趣和熟悉程度当然会越来越高。

有一次带儿子坐飞机，他的玩具勃朗宁手枪被安检员收了去，直到飞机到达后，才能领取。小凡诧异地问安检员：“难道你们也怕玩具手枪？我又不会用它劫持飞机！”安检员见一个七八岁的孩子这么说，也笑起来，答道：“你的枪，看起来和真的一样，你知道吗？”这次经历，使他对自己的玩具手枪更珍爱，因为，这是一支像真的一样的手枪。看他一个人把手枪佩在腰间，满脸严肃地在房间里巡视的模样，真是让人忍俊不禁。

孩子终于到了开始喜欢读书的年龄，每次经过书店或书摊，他都要停下来看看，翻翻，为他选购好书，在我是一件快乐的事情。书，成了他最心爱的朋友。玩具手枪被放进壁橱里，几乎快被忘记了。然而喜欢武器的情结并没有从他心里消失。

有一天傍晚，我和儿子一起散步，照例是我们两个互相讲故事，我先讲，再他讲。可他不像平时那么急切地听我讲，似乎有什么念头占据着脑子。见他若有所思，我便问：“今天，你先讲，行不行？”他说：“今天我们换一个话题，好吗？”我问：“换什么话题呢？”他想了想，问道：“爸爸，你知道，将来世界上最先进的武器是什么？”我愣了一下，随口答道：“大概是激光大炮吧。”他摇摇头，说：“我说的是小型常规武器。”我又愣了一下，小型常规武器？这概念我从来没有告诉过他。“什么叫小型常规武器？”我问。“怎么，你连这也不知道！”他轻蔑地喊道，“就是枪呗，手枪、冲锋枪、

不许动！

机关枪，都是小型常规武器。我们就来说说将来的手枪吧，你知道，将来什么样的手枪最厉害？”我说不知道，并反问他：“你说说吧，将来最厉害的手枪是怎么一回事。”于是，他开始绘声绘色地描述他的关于手枪的幻想：

“将来会有一种手指枪。什么叫手指枪？你不知道，好，我告诉你。先得发明一种神奇的枪液，这种枪液，只要滴一滴在手指尖上，你的手指就成了一把枪，子弹会从手指上发射出来，打中目标。而且，你的子弹永远也射不完，枪液会在你的手指上自动编制出一种程序，把你身上的能量变成子弹。”

“如果我不再想让自己的手指发射子弹了呢？”我问。

“那很简单，有一块特制的手帕，你只要轻轻地在手指尖上擦一擦，把枪液擦掉，你的手指就恢复原样了。”他的回答几乎不假思索。

“还有一种手枪，比手指枪更厉害，叫空气手枪。你没听说过吧？这种手枪谁也看不见，只要在你身上注射一针，你的嘴巴就变成了一把枪，你从嘴巴里呵一口气，这气就成了看不见的子弹。如果你想射击的目标在你的视线里，这目标一定会被你射中，谁也无法躲避这空气子弹。”

这空气手枪有点叫人毛骨悚然，然而还有更厉害的！

“对了，还有更厉害的，它的名字叫意念手枪。只要你把一个小小的电脑放在身上，然后想，现在我的身上有一把手枪，你的意念就会向电脑发出命令，于是你的浑身都能发射出子弹。你的眼睛看着敌人，敌人就会被你眼睛里射出的子弹击中；你的手指着对方，对方就会中弹倒下；你向对手吹一口气，对手就会被你的子弹打中……”

儿子讲完了他的关于手枪的幻想故事，开始缠着我讲故事。然而我的脑子里却一片空白。儿子柔软的小手正握在我的掌心里，我无论如何难以把这柔软的小手和杀人的手枪联系在一起。孩子啊，你的小脑袋里怎么会生出这些可怕的想法来呢？也许，我的忧虑被儿子发现了，他笑着安慰我："爸爸，这不过是我随便想想的，你可不要当真。"我问他："如果世界上真有了你说的这些武器，而且是掌握在坏人和疯子的手中，怎么办？""那你也不用害怕，我会发明更加厉害的仪器，来制止他们。我要造一台武器毁灭电脑，可以破坏全世界的武器，只要编好程序，轻轻按一下回车键，用不了两秒钟，全世界的武器就都变成了一堆废铜烂铁！那时，你就什么也不用担心了。"

儿子笑嘻嘻地看着我，清澈而明亮的目光中，看不到一丝阴翳……

阅读提示 关照自己的赤子之心

作家一旦为人父母，他/她最亲切而深情的文字，大概都献给了自己的孩子。老舍20世纪30年代写的《有了小孩以后》，描写家中一双小儿女，传神之至。丰子恺更是常以他的孩子们入文、入画，他的散文集《缘缘堂随笔》中《从孩子得到的启示》《华瞻的日记》《给我的孩子们》《送阿宝出黄金时代》等名篇，多从自家小儿女的日常去体味童真世界，流露的不仅是父子真情，更有很多深层次的思考。

而赵丽宏的这两篇散文，也满含着身为人父的舐犊深情。目睹孩子迈出人生第一步时的惊喜，亲历孩子突遭凶险时的惊心，杂糅成复杂的情绪，就是生活的滋味，也是生命的过程（《学步》）。伴随着孩子的成长，父母其实也在经历着“二次成长”，成人未必一定正确，全知全能，更重要的是悉心体会童真的难能可贵（《关于武器》）。

难怪丰子恺曾发出这样的感慨：“我的孩子们！我憧憬于你们的生活，每天不止一次！我想委屈地说出来，使你们自己晓得。可惜到你们懂得我的话的时候，你们将不复是可以使我憧憬的人了。这是何等可悲哀的事啊！”愿我们在成长的每一步，都能时时关照自己的“赤子之心”。

第2堂课

童年即景

2

Lesson 2

囚蚁

童年时曾经认为世界上所有的动物都可以由人来饲养，而且所有的动物都可以从小养到大，就像人一样，摇篮里不满一尺长的小小婴儿总能长成顶天立地的大巨人。连蚂蚁也不例外。在歌子里唱过“小蚂蚁，爱劳动，一天到晚忙做工”，所以对地上的蚂蚁特别有好感，常常趴在墙脚或者路边仔细观察它们的活动，看它们排着队运食物、搬家，和比它们大无数倍的爬虫和飞虫们作战……大约是五岁的时候，有一天我和妹妹忽发奇想：为什么不能把蚂蚁们放到玻璃瓶里养起来呢？像养小鸡小鸭那样养它们，给它们吃，给它们喝，它们一定会长大，长得比蟋蟀和蝈蝈们还要大。

这件事情并不复杂。找一个有盖子的玻璃药瓶，然后将蚂蚁捉到瓶子里，我们一共捉了十五只蚂蚁，再旋紧瓶盖。这样，这十五只蚂蚁便有了一个透明整洁的新家。我和妹妹兴致勃勃地观察着蚂蚁们在瓶子里的动静，只见它们不停地摇动着头顶的两根触须，急急忙忙地在瓶子里上下来回地走动，似乎在寻找什么。我想它们大概是饿了，便旋开瓶盖投进一些饭粒，可它们却毫无兴趣，依然惊惶不安地在瓶里奔跑。它们肯定在用它们的语言大声喊叫，可惜我听不见……第二天早晨起来，第一件事情就是看玻璃瓶里的蚂蚁。只见那十五只蚂蚁横七竖八躺在瓶底下，安安静静地一动也不动，它们全都死了。我和妹妹很是伤心了一阵，想了半天，得出结论：是因为药瓶里不透气，蚂蚁们是闷死的。（现在想起来更可能是瓶里药味使小蚂蚁们送了命。）

原因既已找到，新的办法便随之而来。我找来一只火柴盒子，准备为蚂蚁们做一个新居。怕它们再闷死，我命令妹妹用大头针在火柴壳上扎出一些小洞眼，作为透气。当时已是深秋，天气有些冷，于是妹妹又有新的担忧：“火柴盒里很冷，小蚂蚁要冻死的！”对，想办法吧。在妹妹的眼里，我这个比她大一岁的哥哥是无所不能的。我果然想出办法来：从保暖用的草饭窝里抽出几根稻草，用剪刀将稻草剪碎后装到火柴盒里，这样，我们

的蚂蚁客人就有了一个又透气又暖和的新窝了。我和妹妹又抓来一些蚂蚁关进火柴盒里，还放进一些饼干屑，我们相信蚂蚁们会喜欢这个新家。遗憾的是不能像玻璃瓶一样在外面可以观察它们了。但可以用耳朵来听，把火柴盒贴在耳朵上，可以听见它们的脚步声。这些窸窸窣窣的声音极其轻微，必须在夜深人静时听，而且要平心静气地听。在这若有若无的微响中，我曾经有过不少奇妙的遐想，我仿佛已看见那些快乐的小蚂蚁正在长大，它们长出了美丽的翅膀，像一群威风凛凛的大蟋蟀……

然而我们的试验还是没有成功。不到两天时间，火柴盒里的蚂蚁们全都逃得无影无踪。我也终于明白，蚂蚁们是不愿意被关起来的，它们宁可在墙脚、路边和野地里辛辛苦苦地忙碌搏斗，也不愿意在人们为它们设置的安乐窝里享福。对它们来说，没有什么比自由的生活更为可贵。

用自己的话作文

小时候，喜欢读书。不管什么书，拿到就读。书读得多，见识自然就广，写起作文来也就得心应手。那还是在读小学的时候，语文老师见我爱读书，便在班上表扬我。我至今还记得他的话："要想写好作文，就要像赵丽宏那样，多读课外读物。"在作文课上，老师常常将我的作文念出来。私下里，老师还对我提出一个要求，他要我准备几个小本子，在读书的时候，要注意书中精彩的描写，不管是写景的，写物的，还是写人物神态和心理的，都要留意，见到好的词句或者段落，就把它们抄到小本子上。老师的话，我当然老老实实地照办。于是读书时，就把小本子放在旁边，经常往上面抄一些词句。很快，小本子上就抄得密密麻麻，而且抄满了好几本。这样的小本子，很像现在流行的那些写作描写词典，只是没有那么大的规模。当时，有不少同学学我的样，也准备了小本子抄书上的词语。一时蔚然成风。

这样的小本子，开始时确实对我的作文有帮助，我经常可以从中摘录一些用到自己的作文里。然而时隔不久，我就逐渐讨厌这些小本子了。为什么？

因为，每次从小本子上往作文本上抄词句时，我总会情不自禁地问自己：我这不是在抄别人的文章吗？这样问得多了以后，我终于开始怀疑这种做法是不是对头。我想，如果是写日出，别人这样写，我为什么要和他写得一样？他能用自己的眼睛观察日出，并且用自己的话把他看到的日出写出来，我为什么不能呢？

尽管我还不敢跟老师说，但我的疑惑和厌烦越来越强烈，终于强烈到再也不愿意往小本子上抄任何书上的词句。然而小本子不能丢掉，因为老师要经常查看它们。怎么办？写自己的东西。于是我开始在小本子上记录自己的所见所闻。譬如碰到下雨，我就观察下雨前天空中发生的变化，观察雨中的街道和树木，也观察行人在雨中的神态和动作。到晚上，就把它们一一详尽地写到我的小本子上。再譬如，白天在路上遇到一个与众不同的人，一个极胖的女人或者一个行动诡秘的人，我会跟在他们的身边身后走一阵，仔细地看他们的表情，看他们的一举一动，到晚上，我就在小本子上把他们“画”下来，当然，这“画”，不是用画笔和色彩，而是用文字。在“画”白天的见闻时，我要求自己尽可能地写得生动，写得和我以前在书中见到的类似情景不一样。这样，小本子上的词句，就都是我自己的语言了。到写作文时，我从中寻找需要用的词语时，心里就感到很坦然，很放心，尽管我的语言常常不如那些文学名著中的语言精彩，但这是我自己的！

这个秘密保持了很长的一段时间。当我在小本子上“画”自己的所见所闻时，其他同学还在那里大抄书中的词句呢。老师终于也发现了我的秘密。那是在一次去乡下钓鱼之后，我在作文中用自己的语言非常生动地描绘了钓鱼的经历。记得我这样写上钩的鱼被我甩出水面时的情景：“鱼儿从水里飞出来，就像一把闪闪发亮的银色宝剑，在我的面前飞过去……”老师在作文评讲时读了我的作文，并且把我叫起来，当众问我：“这些话，是引用别人的，还是你自己想出来的？”我很高兴地回答老师：“是我自己想出来的。”老师没有对我的回答加以评论，他脸上的表情使我琢磨不透。课后，老师把我叫到他的办公室，他从办公桌上拿起我交给他的小本子，表情严肃地问：“这里面的内容，都是你自己观察到的吗？”我紧张地点点头，以为他会批评我。想不到，他却欣慰地笑了起来。我很难忘记他当时对我说的那一番话。他说：“你不喜欢抄别人的话，很好！一个真正有出息的人，应该有自己的思想，写文章，当然也应该用自己的话来写。你就这样坚持做下去吧！”

以上的情景，已经过去很多年了。现在想起来，依然历历在目。老师的那番话，似乎仍在我的耳边回响。真的，我从心底里感谢我的这位语文老师，感谢他当时对我的这番鼓励。

童年的河

童年的记忆，隐藏在脑海的最深层。一个老人，到了弥留之际，出现在眼前的也许还是童年的往事，童年的朋友。

童年的经历，会影响一个人的性格。在形成性格的过程中，童年的一些特殊经历潜移默化地起着作用。想一想童年的往事吧，它们曾经怎样有声有色地丰富过你幼小的生命，滋润过你稚嫩的感情。

有一条河流，陪伴着我的童年。这条河的名字是苏州河，它在江南的土地上蜿蜒流淌，哺育了中国最大的城市。从前，它曾经叫吴淞江，上海人把它称作母亲河。

小时候，我的家离苏州河不远，我常常走到苏州河桥上看风景。天上的云彩落到河里，随着水波的漾动斑斓如梦幻。最有趣的，当然是河里的木船了。我喜欢倚靠在苏州河的桥栏上看从桥洞里穿过的木船。一艘木船，往往就是一家人。摇船的，总是船上的女人和小孩。男人站在船边，手持一根长长的竹篙，不慌不忙点拨着河水。有时水流很急，木船穿过桥洞时，船上的人便有点忙碌。男人站在船头，奋力将竹篙点在桥墩上，改变着船行的方向。他们一面手忙脚乱地与河水搏斗，一面互相大声喊着，喊些什么我听不清楚，但那种紧张的气氛却让人难忘，我也由此认识了船民的艰辛。后来看到宋人画的《清明上河图》，图中也有木船过桥洞的画面，和我在苏州河桥上看到的景象很有几分相似。现在回想起来，我那时没有机会和船上的人说过一句话，只是远远地看着他们，想象着他们的生活。我常常把自己想象成一个生活在船上的孩子，船上有一条狗，温驯地蹲在我的脚边。我也和父母一起，奋力地摇橹，驾驭着木船在急流中穿过桥洞。

记忆中的苏州河常常有清澈的时候。涨潮时，河水并不太浑浊，黄中泛出一点淡绿，还能看到鱼儿在河里游动。那时苏州河里常常有孩子游泳。胆子大的从高高的水泥桥栏上跳到河里，胆子小一点的，沿着河岸的铁梯走到河里。孩子在河里游泳的景象多么美妙，小小的脑袋在起伏的水面上浮动，像一些黑色的花朵，正在快乐地开放。他们常常放开喉咙在喊叫，急促的声音带着一些惊奇，也带着一些紧张，在水面上跳动回旋。这是世界上最快乐的声音。先是羡慕那些在河里游泳的孩子，他们游泳的姿态，他们在水面发出的欢笑声。很想成为他们中的一员。

有一天，在苏州河边上，我见到了可怕的景象。一个孩子，在河里淹死了，被人拉到岸上，躺在栏杆边的地上。这是一个瘦弱的孩子，上身赤裸，下身穿着一条破烂的裤衩。看样子，这孩子是在河里游泳溺水而死。他侧着身子躺在地上，脸色蜡黄。他曾经在河里快乐地游着，快乐地喊叫着，他曾经是我羡慕的对象。但是他小小的生命已经结束，在这条日夜流动着的活泼的苏州河水里，他走完了他的短短的人生之路。这是我第一次这么近距离地看一个死去的人，但是这溺水的孩子并没有使我对死亡和河流感到恐惧。几年后，我也常常跳进苏州河里游泳，在和流水的搏斗中体会生命的快乐。我从高高的桥头跳入河中，顺流畅游，一直游到苏州河和黄浦江交汇的水面。那时，同龄的孩子没有几个有这样的胆量，他们捧着我的衣服，在岸上跟着我，为我加油。在他们的眼里，我是一个勇敢的人。其实，在波浪汹涌地向我压过来时，我也曾产生过恐惧，也曾想起那个溺水而亡的少年，我在想：我会不会像他一样被淹死呢？不过这只是瞬间的念头，在清凉的河流中游泳的快乐胜过了对死亡的恐惧。

我上的第一所小学就在苏州河边上。在我们上音乐课的顶层教室里，站在窗前能俯瞰苏州河的流水。学校的后门，就开在苏州河岸边。离学校后门不远的河岸边，有一个垃圾码头。说是码头，其实就是一个大铁皮翻斗，平时铁皮翻斗被天天从它身上滑下的垃圾磨得雪亮。这铁皮翻斗，使我想起古时城门前的吊桥，平时翻斗是升起的，运送垃圾时，翻斗放下，成为一个传送滑道，卡车上的垃圾直接从翻斗上滑到停泊在岸边的木船船舱中。这垃圾码头，也曾是我们的游戏场所。我们常常攀上铁皮翻斗，站在翻斗边沿，探

出脑袋，俯视河水从翻斗下哗哗地流过。对于孩子们来说，这是很有冒险色彩的奇妙经历。

一天早晨，经过垃圾码头时，发现码头边围着很多人，而那个曾给我们带来快乐的吊桥，翻进了河里——系住翻斗的两根钢索断了一根。这是一场悲剧留下的痕迹。就在前一天傍晚，一群和我差不多大的孩子，攀到翻斗上玩，他们正欢天喜地在翻斗上蹦跳，系翻斗的钢绳突然断了，翻斗下坠，翻斗上的孩子全部都被倒进了苏州河。欢声笑语一下子变成了救命的呼喊，那时苏州河边人不多，是河上的船民赶过来救起了落水的孩子们。但是，死神已经守候在这座曾给孩子们带来欢乐的吊桥边上，据说淹死了好几个孩子。几天后，还看到孩子的父母在苏州河边哭泣。而那个肇事的铁皮翻斗，被铁栅栏围了起来。这场悲剧，似乎向人们预示着生活中的乐极生悲和人生的无常。苏州河依然如昔日一般流淌，但从此我们再不敢去垃圾码头玩。

那时，苏州河边上多的是仓库和码头，少的是树林。在苏州河边难得见到飞鸟。不过有一只在苏州河边出现的鸟使我无法忘记。那是在无法吃饱饭的年代。一天早晨，我从苏州河边走过，看见一只喜鹊从河面上飞过来，停落在河边的水泥栏杆上。这是一只有着黑白相间的花翅膀的黑喜鹊，它在水泥栏杆上悠闲地踱步，还不时左顾右盼，好像在寻找它的伙伴。我天生对鸟有好感，只要是天上的飞鸟，都是可爱的，哪怕是猫头鹰。在热闹的城市里会出现喜鹊，这实在稀奇。我停住脚步，注视着水泥栏杆上的喜鹊，觉得它美极了。它是那么自由，那么优雅。在苏州河边，难得看到这样的景象。就在我欣赏那只喜鹊的时候，发生了一件令人难以想象的事情。一个头发蓬乱、瘦骨嶙峋的女人，突然从停泊在河边的木船上蹿出来，扑上栏杆，把那只毫无防备的喜鹊抓在了手中。那女人一只手将喜鹊握住，另一只手以极快的速度拔光了喜鹊身上的羽毛，大概不到一分钟，那只羽毛丰满的美丽的喜鹊，竟变成了一团蠕动的粉红色肉团。它的嘴里发出惊恐尖厉的鸣叫，拍动的翅膀因为失去了羽翼而显得很可笑。它的羽毛飘落在周围的地上，空中也飞舞着细小的绒毛。那女人的动作之迅疾 ，简直让人惊诧，她的目光也令人难忘，那是一个饿极了的人看到食物时的表情，目光中喷射出贪婪和急迫。这个木船上的女人，她捕捉这只喜鹊，当然是为了吃，为了充饥，为了让饥饿的生命得以延续。我没有看到她最后如何处置那只喜鹊，被她吃进肚子是毫无疑问的，至于怎么煮怎么吃，我不想知道。我想在记忆中保留喜鹊在苏州河栏杆上优雅踱步的形象，但浮现在眼前的，却总是那个被拔光了羽毛的粉红色肉团，还有飘舞在空中的羽毛。直到现在我还记得它挣扎尖叫的可怜样子。

苏州河边的邮政大楼顶上，有一组石头的雕像。那是几个坐着的外国人像，站在地上看不见他们的表情，远远地看去，也只能看出个大概的轮廓，但他们优雅的身体姿态给我留下深刻的印象。小时候在苏州河里游泳的时候，有一次躺在水面上仰望那些雕像，居然看清了雕像们的脸，那是一些神秘的表情，安静，悠闲，他们在天上俯瞰人间，目光中含着淡然的期待，也隐藏着深深的哀怨。后来，那一组雕像不见了，据说是被人打碎了。那座有着绿色圆顶的大楼，从此就变得单调，抬头仰望时，常常有一种失落的感觉。

前几年，那个古老的绿色圆顶下面，又出现了一组雕像，是不是当年的那组雕像，我不知道。不过仰望他们时，再没有出现童年时看他们的那种感觉。

阅读提示

回忆时含泪的微笑

一个人对于艺术的追求，对于真善美的感悟，都是从童年萌芽的。那些看似琐碎的童年小事，甚至可能影响人的一生。正如《童年的河》开头所写：“童年的记忆，隐藏在脑海的最深层。一个老人，到了弥留之际，出现在眼前的也许还是童年的往事，童年的朋友。童年的经历，会影响一个人的性格。在形成性格的过程中，童年的一些特殊经历潜移默化地起着作用。”

囚禁的蚂蚁让人懂得了自由的重要（《囚蚁》）。小本子的秘密迈出了从模仿到创造的一大步（《用自己的话作文》）。更为重要的人生课堂，是苏州河畔的一幕幕（《童年的河》），童年不再是一味地轻松欢愉，在那里，天真的眼睛看到了饥饿与死亡，看到了美是如何被毁灭的。文中写到了溺水而亡的少年，而在此之前，河上荡漾的是孩子们跳水游泳时恣肆的欢笑声。同样的，曾经带给孩子们欢乐的吊桥也带来了死神——系翻斗的钢绳突然断裂，翻斗上的孩子全部倒进了苏州河。另一出悲剧的主角不再是孩子，而是天上自由飞翔的小鸟。美丽的喜鹊瞬间变成饥民果腹的食物，栏杆上优雅踱步的形象被拔光了羽毛的粉红肉团所取代。最后，作者写到了一组雕像，那些静谧安详的身姿，终于变成碎片，随后彻底消失了。作者运用了强烈的对比，先是展示美，随即让人看到了美的毁灭，之前越是美好，毁灭时就愈觉伤痛，不难想象这样的一幕幕，对童真的心灵具有多么巨大的冲击力。

读赵丽宏的这一组散文，童年的笑与泪，尽在其中了。

第3堂课

小人物的亮色

3

Lesson 3

顶碗少年

有些偶然遇到的小事情，竟会难以忘怀，并且时时萦绕于心。因为，你也许能从中不断地得到启示，从中悟出一些人生的哲理。

这是二十多年前的事情了。有一次，我在上海大世界的露天剧场里看杂技表演，节目很精彩，场内座无虚席。坐在前几排的，全是来自异国的旅游者，优美的东方杂技，使他们入迷了。他们和中国观众一起，为每一个节目喝彩鼓掌。一位英俊的少年出场了。在轻松优雅的乐曲声里，只见他头上顶着高高的一叠金边红花白瓷碗，柔软而又自然地舒展着肢体，做出各种各样令人惊羡的动作，忽而卧倒，忽而跃起……碗，在他的头顶摇摇晃晃，却总是不掉下来。最后，是一组难度较大的动作——他骑在另一位演员身上，两个人一会儿站起，一会儿躺下，一会儿用各种姿态转动着身躯。站在别人晃动着的身体上，很难再保持平衡，他头顶上的碗，摇晃得厉害起来。在一个大幅度转身的刹那间，那一大叠碗突然从他头上掉了下来！这意想不到的失误，使所有的观众都惊呆了。有些青年大声吹起了口哨……

台上，却并没有慌乱。顶碗的少年歉疚地微笑着，不失风度地向观众鞠了一躬。一位姑娘走出来，扫起了地上的碎瓷片，然后又捧出一大叠碗，还是金边红花白瓷碗，十二只，一只不少。于是，音乐又响起来，碗又高高地顶到了少年头上，一切都要重新开始。少年很沉着，不慌不忙地重复着刚才的动作，依然是那么轻松优美，紧张不安的观众终于又陶醉在他的表演之中。到最后关头了，又是两个人叠在一起，又是一个接一个艰难的转身，碗，又在他头顶厉害地摇晃起来。观众们屏住气，目不转睛地盯着他头上的碗……眼看身体已经转过来了，几个性急的外国观众忍不住拍响了巴掌。那一叠碗却仿佛故意捣蛋，突然跳起摇摆舞来。少年急忙摆动脑袋保持平衡，可是来不及了。碗，又掉了下来……

场子里一片喧哗。台上，顶碗少年呆呆地站着，脸上全是汗珠，他有些不知所措了。还是那一位姑娘，走出来扫去了地上的碎瓷片。观众中有人在大声地喊："行了，不要再来了，演下一个节目吧！"好多人附和着喊起来。一位矮小结实的白发老者从后台走到灯光下，他的手里，依然是一叠金边红花白瓷碗！他走到少年面前，脸上微笑着，并无责怪的神色。他把手中的碗交给少年，然后抚摩着少年的肩胛，轻轻摇撼了一下，嘴里低声说了一句什么。

少年镇静下来，手捧着新碗，又深深地向观众们鞠了一躬。

音乐第三次奏响了！场子里静得没有一丝儿声息。有一些女观众，索性用手掌捂住了眼睛……

这真是一场惊心动魄的拼搏！当那叠碗又剧烈地晃动起来时，少年轻轻抖了一下脑袋，终于把碗稳住了。掌声，不约而同地从每个座位上爆发出来，汇成了一片暴风雨般的雷声。

在以后的岁月里，不知怎的，我常常会想起这位顶碗少年，想起他那一夜的演出；而且每每想起，总会有一阵微微的激动。这位顶碗少年，当时年龄和我相仿。我想，他现在一定早已是一位成熟的杂技艺术家了。我相信他不会在艰难曲折的人生和艺术之路上退却或者颓丧的。他是一个强者。当我迷惘、消沉，觉得前途渺茫的时候，那一叠金边红花白瓷碗坠地时的碎裂声，便会突然在我耳畔响起。

是的，人生是一场搏斗。敢于拼搏的人，才可能是命运的主人。在山穷水尽的绝境里，再搏一下，也许就能看到柳暗花明；在冰天雪地的严寒中，再搏一下，一定会迎来温暖的春风——这就是那位顶碗少年给我的启迪。

永远的守灯人

天黑以后，长堤上那盏灯就一闪一闪地亮起来。无论是晴天、阴天还是阴雨天，它总是像一颗金黄色的星星，沉着、执拗地闪烁在深不见底的天幕上，仿佛在一遍又一遍讲着一个古老神秘的故事……

在白天，谁也不会注意它。它只是稍稍高出护堤林带的一个简陋的小木架，有时候我还觉得它破坏了这一带的自然景色呢。

到长堤上去，绝不是为了看灯塔，而是为了看大江，为了排遣我心中的沉闷。在田野里劳累了一天，也不洗一洗身上和脸上的泥汗，我竟会情不自禁地向长堤走去。

穿过一片由榆树、杨树和刺槐树组成的密密的林带，登上那古城墙一般巍峨的堤岸，广阔的长江入海口就在我眼前浩浩荡荡地铺展开了。看着水和天无穷无尽、自由自在地在辽阔的世界中融为一体，看着渔帆和鸥鸟在水天之间悠然飘行，听着浪拍长堤的有节奏的轰响，心中那些忧郁的影子和狭隘的思绪，就会像轻烟一样消散在清新的空气中。如果没有人伴随你，也没有

人从堤上走过，你将陶醉在一种极其旷达幽远的宁静中，你会忘记一切，仿佛全身心都融化在大自然里……

然而当我从沉思中醒来，发现夜幕已经在不知不觉中悄悄逼近时，一阵不可名状的空虚感便会把我包围起来。于是我又感到了孤独和寂寞，情绪常常一落千丈。这时，简直不能在堤岸上多待一分钟。是的，没有比孤独和寂寞更难以忍受了。如果让我永远待在这空无一人的江海边，那也是一件可怕的事情。

可我还是忍不住要到堤岸上去。一天傍晚，我坐在堤坡上，面对着被夕阳燃成一片金红色的江水出神，大自然瑰丽变幻的景象使我深深地迷醉了。突然，背后响起一个苍老的声音：

“哎，小伙子，在看什么？”

回过头来，我不由得一惊，堤岸上，大约离我十来米远的地方，站着一个模样丑陋的老人——罗圈腿，驼背，满脸刀痕一般杂乱无章的皱纹中嵌着一对泪汪汪的小眼睛。这幽灵似的老头，不知是从哪里钻出来的！

见我回头，他挤出一个笑脸。连笑容也是丑陋的，使人想起童话中那些心怀鬼胎的奸诈的老巫婆。

“天马上黑了，回去吧。”

他向我扬了扬手，又喊了一声，语气非常温和，像是长辈劝说着孩子。

我坐在这里，碍你什么事了？我觉得他扰乱了我的宁静，心里有些恼火，于是便回过头来，装作没有听见。

他再也没有吱声。但我知道他仍然在注视我，我似乎能感觉到背上定定地有两道柔和的光。

太阳落到大江里去了，天一下子暗下来，深邃的紫蓝色从天上一下子压到了水平线上，水天交界处依然亮得耀眼，宽阔的水面闪动着一片暗红色的微波。不过这是一种垂危的光芒，就像生命临终前的回光返照，使我伤感。

我坐不下去了，站起身往回走。那老头竟还在我身后。他蹲在堤岸上，看着我微笑。这一带乡间，很少有像我这样没事坐在海边看风景的人，尤其是老人。这丑老头也有点怪了。

“我就住在这里。”他仿佛窥见了我的心思，站起来招呼我，“看见那灯了吧，我就守着它。”他指了指在不远处的那个简陋的木架子灯塔，灯塔下有一间黑褐色的小木屋。

我默默地对他点了点头，默默地走下了堤岸。他凝视着我，那对嵌在皱纹里的泪汪汪的小眼睛中，流出了疑惑，也流出了同情，似乎还有几丝焦虑。真是个怪老头。

我没有和他打招呼，走得很远了，才回过头来——夜幕已经笼罩了世界，堤岸上已经什么也看不见，引人注目的只有那盏灯，一闪一闪地亮起来……

以后，每次到江边，总是能见到他，他似乎在暗中监视我，尽管不走上来问什么，却老是在离我不远的地方转来转去。这使我恼火，看风景的兴致全被他破坏了。他想干什么呢？我终于忍不住了，一天，当他在我身后站着的时候，我突然转过身走到他面前大声问道：

“请问，你老盯着我干啥？”

他先是一愣，马上就露出一嘴稀疏的牙齿不自然地笑起来：“哦，没有呀，没有盯你呀。我每天都在这里。”他指了指灯塔下的小木屋，仰起脸很诚恳地说：“小伙子，到我屋里坐一会儿去吧。”

这一来，弄得我十分尴尬。还是离开这里吧。我摇了摇头，向堤下走去。我没有回头看他。

我一连好多天没有上堤岸看江。不知怎么搞的，这位奇怪的守灯人，老是在我的脑子里转，晚上，看着那灯塔一闪一闪的亮光，我就想起了他那流淌着神秘色彩的目光。

再一次登上长堤时，我没有看见他。这是一个宁静而又优美的黄昏，我又像以前一样，沉浸在落霞和晚潮交织成的奇妙风景中……他似乎失踪了，以后几次，我也没有看见他，然而灯塔下那间小木屋门虚掩着，看样子屋主人不会走得很远。我几乎把他忘了，只有在天黑以后， 当我从远处看到那一闪一闪的灯塔时，才会想起他来。

我准备回城探亲去。临走前一天，我又登上了堤岸。那是一个阴沉沉的黄昏，灰蒙蒙的浓云压在水面上，一群鸥鸟贴着水面低低地盘旋着，不时发

出急促不安的鸣叫，气氛沉闷得令人窒息。我正想回去，突然刮起了大风，风从辽阔的水面上席卷过来，发出撼人心魄的呼啸。微波起伏的水面一下子躁动翻腾起来。骤然而起的惊涛骇浪，如同一大群棕黄色的野马，铺天盖地，争先恐后，蹦跳着，推挤着，蹿跳着，发疯似的向堤岸狂奔过来，它们撞在堤岸上，撞得粉身碎骨，撞出炸雷一般的轰响，水花一溅数丈，一直洒上了高高的堤岸……

这惊心动魄的大自然奇观把我看呆了。在这激动、狂放、雄浑野性的大自然面前，人显得多么渺小，多么微不足道。天上有急雨落下来，但我却不想回去，我真想让这汹涌的浪潮冲一冲郁积在心中的忧郁和惆怅。情不自禁地，我慢慢向堤坡下走去……大约在我跨出第四步的时候，背后突然有一双手伸出来，紧紧地抓住我的手有劲地往堤岸上拽。回头一看，又是他，那位守灯的老人！只见他浑身淋得透湿，神情紧张地盯着我，两只手像两把有力的铁钳，把我的手握得生疼。

“小伙子，年纪轻轻，要想开一些！上来吧，回家去吧！你家里的人在等着你呢！”他一口气吐出一连串话来，口气焦急而又诚恳。

他以为我想自杀呢！我一下子恍然大悟了：他仍然一直在暗中盯着我，他怕我投水！看着他鼻眼挤成一堆的紧张焦虑的表情，我忍不住笑起来：“啊呀，你想到哪里去了！我只是喜欢一个人安静，喜欢看江水。”

“哦——”他松开了我的手，紧张的表情松弛了，雨水慢慢地顺着他脸上的皱纹往下滚动着。“这就好，这就好。”他点了点头，转过身慢慢向远处的灯塔走去。在灰暗的暮色和呼啸的风雨中，他那伛偻的背影显得异常怪诞……

我呆呆地站着，目送着他的背影，说不上是怎样一种心情，烦恼、好笑、激动、伤感……都不是。不过，有一点是无疑的，我很感动，也有点内疚。他的背影在风雨中消失后，我突然产生了一种强烈的欲望：要找人去讲讲话，听他们讲，也向他们讲讲我自己……

那天晚上，不知为什么，我特地走到村口的石拱桥顶上向远处眺望。在密密的雨帘中，堤岸上那盏灯的光芒显得微弱了，并且时隐时现，像一只在幽暗中不安地眨动着的眼睛。那微弱闪烁的光芒从来也没有这样使我感到亲切……我想，等我从城里回来，我一定要叩响那间小木屋的门，去看看那位奇怪的守灯老人，把我的烦恼告诉他，他一定会理解我的。

一个月后的一天，我又登上堤岸。这次，我并没有坐下来看大江，而是径直向灯塔走去。

小木屋空无一人。一把已经开始生锈的大铁锁，把两扇薄薄的木板门锁得严严实实，两扇小窗也用木条钉了起来，一只灰色的大蜘蛛不慌不忙地在窗框上吐丝织网……这不像有人住着的屋子。他去哪里了呢？

我正站着纳闷，一个穿黑色布袄的中年农民从堤岸下走上来，他用一种好奇的、带着怜悯色彩的目光观察了我一会儿，问道："怎么，你要找看灯驼子？（哦，他们叫他看灯驼子！）"

"是的，我想找他。"

"你还不知道？他死了，死了快一个月了！"

我只觉得脑子里嗡的一声，听觉也变得模糊起来——这怎么能让人相信呢！一个月前，他还曾用一双铁钳般的手拉着我往堤岸上拽，我至今还能感觉到他手中那令人生疼的力量。他怎么会死呢？

见我发蒙的样子，那中年农民叹了口气，又摇了摇头：“唉，也真可怜，晚上灯还亮着，第二天不见他人影，进屋一看，人躺在床上，死了。他身边什么人也没有，光棍一条，只能把他埋在堤岸下了。”

堤岸下的树林边上，多出了一个小小的土堆，土堆上已经星星点点地长出了青草……

我说不出一句话，只是默默地站着，听任又热又酸的泪水在眼眶里打转。这个孤独的守灯老人，当死神在他的门口徘徊时，他竟还想着把一个素不相识的年轻人从死神身边拉回来……

没有鲜花可以献给他，在这萧瑟的旷野里，只有青青的小草。我折下几段榆树枝，扎成一个绿色的花环，恭恭敬敬地放到了他的坟头。暮色降临了，在堤岸的那一边，苍茫的水面上，又在重演着一场悲壮而又迷人的日落……哦，愿这落日成为我的花环，天天奉献于他的坟头。

天黑以后，长堤上那盏灯一如既往，又一闪一闪地亮起来。我不想去探究此时是谁把这灯点亮的，我心里的守灯人只有他。凝视着那遥远而又亲切的灯光，我的心里涌出几行诗句来：

你死了，
你的灯亮着，
在茫茫夜海上，
我永远看得见你温暖的光芒。

亮 色

这是一辆极其破旧的轮椅。因为锈迹斑驳，已经无法辨认它当初是何种颜色；两个轮子的扭曲很明显，转动时车身一颠一颠，像一个醉汉。从嘈杂喧闹的农贸市场经过时，它的吱吱呀呀的声音仍能被人听见。

如果说，轮椅的破旧只是使我产生一种好奇，那么，当我的目光在坐轮椅者的身上停留时，我起先是惊讶，随即便被深深地吸引了。坐在轮椅上的是一位清瘦的老人，年纪约莫在六十岁上下。从他那身褪了色、打着补丁的蓝衣衫裤上不难看出，他过的是一种贫寒的生活。使我惊奇并使我感慨不已的，是挂在轮椅上的那只小竹篮。小竹篮里装着他刚刚选购来的两样东西：一捆空心菜，两枝菖兰。那捆空心菜叶大杆粗，色彩也不鲜嫩，显然他是挑了最便宜的。两枝菖兰一红一白，花枝上结满了将开未开的蓓蕾，但显得瘦弱纤细，毫无疑问，在个体户的鲜花摊上，这也是价钱最低的品种。菖兰和空心菜放在一起，素雅而高洁。就像是在一幅调子灰暗的油画中极醒目地加入明朗鲜亮的一笔，就因为这一笔，整幅油画都变得明亮起来。

老人神态安详地摇着他的轮椅缓缓离去。而那只装着空心菜和菖兰的小竹篮却久久地在我的眼前晃动着，使我的心情无法平静。一个离不开轮椅的残疾老人，每天的菜肴只是一捆空心菜，竟然还想到省出钱来买花，这是何等凄凉又何等动人的一种景象。我也算是花店和花摊的常客，我观察过形形色色的买花者，其中大多是打扮时髦的青年男女，也有衣着简朴却不失风度的中年和老年人，还有兴致勃勃的外国人。买花，似乎是生活富足、情趣高雅的一种象征，而且两者紧连在一起。像这样坐着破轮椅、穿着旧衣衫的买花者，我还是第一次见到。

我无法揣测老人的身世和家境，但我可以断定，他热爱生活、热爱生命。那两枝瘦弱却美妙的菖兰便是明证。

可敬的老人！但愿他的生活中鲜花常开，也愿他的菜篮子里装的不再仅仅是空心菜。

阅读提示

小人物并不渺小

我们阅读文学作品，最终留存在我们记忆中并刻骨铭心的往往是其中的人物，好比《红楼梦》之宝黛钗，《巴黎圣母院》之钟楼怪人，《阿Q正传》之阿Q，《金锁记》之七巧。这些人物形象，成了文学作品的支撑。即便在我们的日常生活中，“人”也是其中最重要的组成部分，最是千变万化、捉摸不定，可以生发出无穷故事，亦庄亦谐，亦悲亦喜。

这一组散文中的每一篇，记叙的都是作者日常生活中所见的小人物。《顶碗少年》讲述一位杂技小演员，历经两次失败仍不放弃，堪称勇于拼搏的强者。《永远的守灯人》有一点类似于钟楼怪人卡西莫多，相貌丑陋而心灵极美，在孤独中尽忠职守，又对素昧平生的他人满怀关切与慈爱。

平凡而又复杂的小人物们构成了我们真正的日常生活。其实，他们在文学中的地位，并不渺小。朱光潜在《西方美学史》中曾提到：“现实主义派抛弃过去专写伟大人物和非凡事迹的习俗，有意识地描写下层人物。”在中国文学史上，“小人物”也一直是作家们关注的主题。鲁迅笔下的少年闰土、黄包车夫，都是真实生活中典型的“小人物”，他们的至真至诚，在读者的心间留下了一抹亮色，历久而弥新。

第4堂课

自然的奥秘

4

Lesson 4

五老峰遐思

脚步，叩醒了大山的梦。吧嗒、吧嗒……清脆的足音在幽谷晓雾中回荡着……

为观赏仰慕已久的庐山日出，我特地起了个大早，从庐山大厦出发，抄小路直奔含鄱口——据说这是观日出的极佳地点。

赶到含鄱口，天已经蒙蒙亮了。极目远眺，但见雾气茫茫，群山间仿佛飘动着无数透明柔曼的轻绡，山的轮廓在茫茫雾幔中浮动，隐隐约约，若有若无。东方的天边已透出一抹暗红，并且越来越红，越来越亮，该是旭日初上的时辰了。然而，一座高大峻奇的山峰横在正东方，正好挡住了日出的方向。旭日从地平线上喷薄而出的奇丽的一刹那，肯定是看不见了。哎，这煞风景的山呵。旁人告诉我：这是五老峰。

这便是那座附丽着神奇传说的五老峰么？它的形状，应当像五个神态各异的老人。然而，此刻它隐匿在淡淡的雾霭里，使人难识其真面目，山的下半截被晨雾严严实实地封锁着，参差不齐的山脊伸出云端，呈现出深沉的紫色，

恍如苍海中一组古老的篷帆，被通红的天幕映衬着，既瑰丽，又弥散着一种神秘的色彩……

“庐山东南五老峰，青天削出金芙蓉。九江秀色可揽结，吾将此地巢云松。”这时，唐代大诗人李白的诗句蓦地像山间的泉水一样，涌上我的心头。

此刻，天已大亮，太阳仍未露脸，东方的天空恍如火着了一般，五老峰却显得愈加黝黑深沉。这时我看清楚了，它的主峰确实像一个老人——我只能找到这一个老人，其他耸起的小峰，只是像他的披肩，像他被风撩起的斗篷。山的形状，本来就由人们自由地想象，不该有什么规定的，为什么要束缚人们想象的翅膀呢？五老峰确实像一个翘首沉思的老人，他默默地坐在远方，和我一样，等待着激动人心的日出……啊，李太白又飘然走进我脑海中来了——五老峰，和李白的关系太密切了！当年遇赦东归之后，李太白二度来到庐山。此时，诗人已是年近花甲的老人了，饱受颠沛离乱之苦，并且看够了权势者们的冰冷面孔，对政治，他几乎是心灰意懒，而庐山的秀美风光，却对他充满着吸引力。“九江秀色可揽结，吾将此地巢云松”，就在五老峰下，李白筑庐隐居了。当时的情景，我仿佛依稀能够想见：一位瘦削的老人，常常独自踯躅于山水之间，山中的一石一木，都会触动他的诗情。尽管是隐士，李太白还是兴致勃勃，本性难移，他永远有着孩童般的纯真和诗人的激情。诗，如同喷泉一般，一首又一首从他的心中喷出来了。一忽儿是“我本楚狂人，凤歌笑孔丘”，一忽儿又是“仙人浩歌望我来，应攀玉树长相待”；然而更多的是山水之情，“屏风九叠云锦张，影落明湖青黛光”，“香炉瀑布遥相望，回崖沓嶂凌苍苍”，这些都是他吟咏庐山秀色的名句。而那首《望庐山瀑布》，早已成了千古绝唱：“日照香炉生紫烟，遥看瀑布挂前川。飞流直下三千尺，疑是银河落九天。”何等有声有色的画面，何等奇丽飘逸的想象呵！在人类的感情中，也许是有一些永恒的东西。不管世事如何沧桑变迁，山河的魅力、大自然的魅力，却是永存的。只要你热爱祖国的大地，热爱人间的生活，你就会被陶醉，会在其中忘情，会展开诗的想象之翼……

含鄱亭周围忽然响起了一片欢呼，太阳马上要露脸了。五老峰，这位一直默坐着的老人，仿佛也激动起来，无数金红的光线从他的肩后向天空辐射开去，就像他举起了一把无比辉煌的折扇，兴奋地向即将出现的旭日挥舞着，峰顶盘绕着一缕灿烂的云霞，正好是折扇的一绺璎珞柔柔地飘拂，使日出前的气氛变得柔和而且妩媚。不久，五老峰顶倏地一亮，仿佛有一颗耀眼夺目的红宝石，突然缀上了老人的头冠，然而这红宝石很快便大起来，大起来，终于变成了一轮喷吐着光焰的又大又圆的太阳，并且奋然跃上了中天，把整个世界都映照得灿烂辉煌。五老峰脚下的氤氲消散了，鄱阳湖的滩岸在山脚下弯弯曲曲地伸展开去，一直隐入云气空溟的天尽头，湖面闪烁着亮晶晶的万点波光。五老峰一扫阴郁沉闷之气，变得晶莹剔透，他昂首旭日，环顾这瑰美壮丽的山水长卷，许是在吟诗了：“翠影红霞映朝日，鸟飞不到吴天长，登高壮观天地间，白波九道流雪山……”这是李白的《庐山谣》，据说就是在五老峰下吟成的。也许，一千二百多年前，也是在这样一个晴朗的早晨，这位隐士面对着同今日一般美妙的日出，禁不住兴致勃发，举杯挥毫，且饮且歌，行云流水般自然地写成了这首诗……

简直令人难以置信，太阳才升起不过十来分钟，云和雾，竟不知从哪里悄悄地升腾起来，弥漫开来，顷刻就把天地搅得一片混沌、一片朦胧。五老峰，整个儿隐匿进云里雾里，哦，也许，他醉了，就像李太白当年陶醉在迷人的晨光里……

“走啊，上五老峰去！”同伴中有人高喊一声。

于是，杂沓而又清脆的脚步声，在上山的石径上响了起来。我仿佛觉得，这脚步声中，也有李太白的足音，轻轻的，欢快的，和我一起去寻找美，寻找诗……

城中天籁

在城里住久了，有时感觉自己是笼中之鸟，天地如此狭窄，视线总是被冰冷的水泥墙阻断，耳畔的声音不外车笛和人声。走在街上，成为汹涌人流中的一滴水，成为喧嚣市声中的一个音符，脑海中那些清净的念头，一时失去了依存的所在。

我在城中寻找天籁。她像一个顽皮的孩童，在水泥的森林里和我捉迷藏。我听见她在喧嚣中发出幽远的微声：只要你用心寻找，静心倾听，我无处不在。我就在你周围无微不至地悄然成长着，蔓延着，你相信吗？

想起了陶渊明的诗句："结庐在人境，而无车马喧。问君何能尔？心远地自偏。"在人海中"结庐"，又能躲避车马喧嚣，可能吗？诗人自答："心远地自偏"。只要精神上远离了人间喧嚣倾轧，周围的环境自会变得清静。这首诗，接下来就是无人不晓的名句："采菊东篱下，悠然见南山"。我的住宅周围没有篱笆，也无菊可采，抬头所见，只有不远处的水泥颜色和邻人的窗户。

我书房门外走廊的东窗外，一缕绿荫在风中飘动。

我身居闹市，住在四层公寓的三楼，这是大半个世纪前建造的老房子。这里的四栋公寓从前曾被人称为“绿房子”，因为，这四栋楼房的墙面，被绿色的爬山虎覆盖，除了窗户，外墙上遍布绿色的藤蔓和枝叶。在灰色的水泥建筑群中，这几栋爬满青藤的小楼，就像一片青翠的树林凌空而起，让人感觉大自然还在这个人声喧嚣的都市里静静地成长。我当年选择搬来这里，很重要的原因就是因为这些爬山虎。

搬进这套公寓时，是初冬，墙面上的爬山虎早已褪尽绿色，只剩下无叶的藤蔓，蚯蚓般密布墙面。住在这里的第一个冬天，我一直心存担忧，这些枯萎的藤蔓，会不会从此不再泛青。我看不见自己窗外的墙面，只能观察对面房子墙上的藤蔓。整个冬天，这些藤蔓没有任何变化，在凌厉的寒风中，它们看上去已经没有了生命的迹象。

寒冬过去，风开始转暖，然而墙上的爬山虎藤蔓依然不见动静。每天早晨，我站在走廊里，用望远镜观察东窗对面墙上的藤蔓，希望能看到生命复苏的景象。终于，那些看似干枯的藤蔓开始发生变化，一些暗红色的芽苞，仿佛是一夜间长成，起初只是米粒大小，密密麻麻，每日见大，不到一个星期，芽苞便纷纷绽开，吐出淡绿色的嫩叶。僵卧了一冬的藤蔓，在春风里活过来，新生的绿色茎须在墙上爬动，它们不动声色地向上攀援，小小的嫩叶日长夜大，犹如无数绿色的小手掌，在风中挥舞摇动，永不知疲倦。春天的脚步，就这样轰轰烈烈地在水泥墙面上奔逐行走。没有多少日子，墙上已是一片青绿。而我家里的那几扇东窗，成了名副其实的绿窗。窗框上，不时有绿得近乎透明的卷须和嫩叶探头探脑，日子久了，竟长成轻盈的窗帘，随风飘动。透过这绿帘望去，窗外的绿色层层叠叠，影影绰绰，变幻不定，心里的烦躁和不安仿佛都被悄然过滤。在我眼里，窗外那一片绿色，是青山，是碧水，是森林，是草原，是无边无际的田野。此时，很自然地想起陶渊明的诗，改几个字，正好表达我喜悦的心情："觅春东窗下，悠然见青山。"

有绿叶生长，必定有生灵来访。爬山虎的枝叶间，时常可以看到蝴蝶翩跹，能听到蜜蜂的嗡嗡欢鸣，蜻蜓晶莹的翅膀在叶梢闪烁，还有不知名的小甲虫，背着黑红相间的甲壳，不慌不忙在晃动的茎须上散步。也有壁虎悄悄出没，那银灰色的腹部在绿叶间一闪而过，犹如神秘的闪电。对这些自由生灵们来说，这墙上绿荫，就是它们辽阔浩瀚的原野山林。

爬山虎其实和森林里的落叶乔木一样，一年四季经历着生命盛衰的轮回，也让我见识着生命的坚忍。爬山虎的叶柄处有脚爪，是这些小小的脚爪抓住了墙面，使藤蔓得以攀援而上，用表情丰富的生命色彩彻底改变了僵硬冰冷的水泥墙。爬山虎的枝叶到底有多少色彩，我一时还说不清楚。春天的嫩红浅绿，夏日的青翠墨绿，让人赏心悦目。爬山虎也开花，初夏时分，浓绿的枝叶间出现点点金黄，有点像桂花。它们的香气，我闻不到，蝴蝶和蜜蜂们闻到了，所以它们结伴而来，在藤蔓间上上下下忙个不停。爬山虎的花开花落，没有一点张扬，都是在不知不觉之中。花开之后也结果，那是隐藏在绿叶间的小小浆果，呈奇异的蓝黑色。这些浆果，竟引来飞鸟啄食。麻雀、绣眼、白头翁、灰喜鹊，拍着翅膀从我窗前飞过，停栖在爬山虎的枝叶间，觅食那些小小的浆果。彩色的羽翼和欢快的鸣叫，掠过葳蕤的绿叶柔曼的藤须，在我的窗外融合成生命的交响诗。

秋风起时，爬山虎的枝叶由绿色变成橙红色，又渐渐转为金黄，这真是大自然奇妙的表演。秋日黄昏，金红的落霞映照着窗外的红叶，使我想起色彩斑斓的秋山秋林，也想起古人咏秋的诗句，尽管景象不同，但却有相似意境："树树皆秋色，山山唯落晖"，"山明水净夜来霜，数树深红出浅黄"。

一天，一位对植物很有研究的朋友来看我。他看着窗外的绿荫，赞叹了一番，突然回头问我："你知道，爬山虎还有什么名字？"我茫然。朋友笑笑，自答道：“它还有很多名字呢，常青藤，红丝草，爬墙虎，红葛，地锦，捆石龙，飞天蜈蚣，小虫儿卧草……”他滔滔不绝说出一长串名字，让我目瞪口呆，却也心生共鸣。这些名字，一定都是细心观察过爬山虎生长的人创造的。朋友细数了爬山虎的好处，它们是理想的垂直绿化，既能美化环境，调节空气，又能降低室温。它们还能吸收噪音，吸附飞扬的尘土。爬山虎对建筑物，没有任何伤害，只起保护作用。潮湿的天气，它们能吸去墙上的水分，干燥的时候，它们能为墙面保持湿度。朋友叹道：“你的住所，能被这些常青藤覆盖，是福气啊。”

我从前曾在家里种过一些绿叶植物，譬如橡皮树、绿萝、龟背竹，却总是好景不长。也许是我浇水过了头，它们渐渐显出萎靡之态，先是根烂，然后枝叶开始枯黄。目睹着这些绿色的生命一日日衰弱，走向死亡，却无力挽救它们，实在是一件苦恼的事情。而窗外的爬山虎，无须我照顾，却长得蓬勃茁壮，热风冷雨，炎阳雷电，都无法破坏它们的自由成长。

爬山虎在我的窗外生长了五个春秋，我以为它们会一直蔓延在我的视野，让我感受大自然无所不在的神奇。也曾想把我的“四步斋”改名为“青藤斋”。谁知这竟成为我的一个梦想。

那是一个盛夏的午后，风和日丽。我无意中发现，挂在我窗外的绿色藤蔓，似乎有点干枯，藤蔓上的绿叶萎头萎脑，失去了平日的光泽。窗子对面楼墙上那一大片绿色，也显得比平时暗淡。这是什么原因？我研究了半天，无法弄明白。第二天早晨，窗外的爬山虎依然没有恢复应有的生机。经过一天烈日的晒烤，到傍晚时，满墙的绿叶都呈萎缩之态。会不会是病虫之患？我仔细察看那些萎缩的叶瓣，没有发现被虫蛀咬的痕迹。第三天早晨起来，希望看到窗外有生命的奇迹出现，拉开窗帘，竟是满眼惨败之相。那些挂在窗台上的藤蔓，已经没有一点湿润的绿意，就像晾在风中的咸菜干。而墙面上的绿叶，都已经枯黄。这些生命力如此旺盛的植物，究竟遭遇了什么灾难？

我走出书房，到楼下查看，在墙沿的花坛里，看到了触目惊心的景象：碗口粗的爬山虎藤，竟被人用刀斧在根部齐齐切断！四栋公寓楼下的爬山虎，遭遇了相同的厄运。这样的行为，无异于一场残忍的谋杀。生长了几十年的青藤，可以抵挡大自然的风雨雷电，却无法抵挡人类的刀斧。后来我才知道，砍伐者的理由很简单，老公寓的外墙要粉刷，爬山虎妨碍施工。他们认为，新的粉墙，要比爬满青藤的绿墙美观。未经宣判，这些美妙的生命，便惨遭杀戮。

断了根的爬山虎还在墙上挣扎喘息。绿叶靠着藤中的汁液，在烈日下又坚持了几天，一周后，满墙绿叶都变成了枯叶。不久，枯叶落尽，只留下绝望的藤蔓，蚯蚓般密布墙面，如同神秘的天书，也像是抗议的符号。这些坚忍的藤蔓，至死都不愿意离弃水泥墙，直到粉墙的施工者用刀铲将它们铲除。

“绿房子”从此消失。这四栋公寓楼，改头换面，消失了灵气和个性，成了奶黄色的新建筑，混迹于周围的楼群中。也许是居民们的抗议，有人在楼下的花坛里补种了几株紫藤。也是柔韧的藤蔓，也是摇曳的绿叶和嫩须，一天天，沿着水泥墙向上攀爬……

紫藤，你们能代替死去的爬山虎吗？

阅读提示

发现自然之美

英国诗人兰德有首诗：“我和谁都不争，和谁争我都不屑；我爱大自然，其次就是艺术；我双手烤着生命之火取暖；火萎了，我也准备走了。”

自然界的山水风景，不仅涤荡我们的眼睛，更涤荡我们的心灵。中国古代诗文里，历来就有抒写自然的传统，这一组散文里，作者就引用了李白诗句“庐山东南五老峰，青天削出金芙蓉。九江秀色可揽结，吾将此地巢云松”“屏风九叠云锦张，影落明湖青黛光”“香炉瀑布遥相望，回崖沓嶂凌苍苍”“日照香炉生紫烟，遥看瀑布挂前川。飞流直下三千尺，疑是银河落九天”（《五老峰遐思》）；“树树皆秋色，山山唯落晖”“山明水净夜来霜，数树深红出浅黄”（《城中天籁》）等千古佳句。对自然的情怀，古今一脉相承，诚如作者在《五老峰遐思》中所言：“在人类的感情中，也许是有一些永恒的东西。不管世事如何沧桑变迁，山河的魅力、大自然的魅力，却是永存的。”

如果说，山水江河体现的是自然之“大化”，那么小到一场山雨，一只水鸟，一丛树影，都能让我们从中发现自然之美，这是英国诗人威廉·布莱克所说的“一沙一世界，一花一天堂”。甚至，我们都不必到山水间去求自然，就在城市里，在我们的身边，哪怕墙上一片爬山虎，都是微缩的自然。爬山虎在冬天蛰伏，随天气转暖而逐渐复苏，终于轰轰烈烈弥漫满墙，秋日又由橙红转为金黄。但它抵挡得住自然的风雨，却抵不过人类的刀斧。爬山虎最终死于人为的杀戮，这是自然在无知人类面前的悲鸣，也是对人类妄自尊大的警示。愿终有一天，人与自然可以和谐相处。

第5堂课

月夜遐思

5

Lesson 5

月光曲

贝多芬的《月光曲》，从远处的一架钢琴上飘出来，飞漾在宁静的夜空……

琴声飘着，飘着，化成了透明的泉水，化成了泉水一般清澄的月光，荡涤着我的心灵。这琴声，在许多没有星星的夜晚，给我送来清亮的月光，在我没有窗户的小屋里，为我铺展开一片洒满银辉的田野。一切愁苦和烦恼，都会在这月光一般的旋律中消散，而许多美好的记忆，却总会在这唱着歌的月光里重现……

我想起十多年前的一个月夜……

那时我远离家庭，在崇明岛的一个村子里插队落户。刚跨出校门，把一切都想得充满了诗意。而现实却是那样无情。劳动艰苦得出乎我的意料，精神生活更是单调枯燥，没有一本可看的书。沮丧的情绪，像浓雾般笼罩着我。这时，纯朴的乡亲们向我伸出了友爱的手，他们在劳动中扶助我，在生活中帮助我。知道我喜欢看书，他们纷纷翻箱倒柜，为我找来了各种各样的书。这些善良而又热情的农民，使我重新感受到了生活中的暖流。

那是一个深秋的夜晚，我在我的小茅屋里看书，窗外的一棵合欢树在沙

沙地低声絮语着，从门缝里钻进来的微风把桌上的油灯吹得摇晃不定。忽然，响起了轻轻的敲门声，一下，又一下，使我心惊。这么晚，是谁敲门？打开门，只觉得眼睛一亮：一簇雪白的头发在月光中飘拂，白发下，是一张皱纹密布的萎缩的脸，脸上有一双慈祥的眼睛。啊，原来是“村口好婆”！她来干什么？“村口好婆”八十岁了，一个人住在村口的一间小草房里。谁也不知道她的名字，都叫她“村口好婆”。这位老太太身边没有子女，一个人靠自己劳动养活自己，境况很可怜，可她并不愁眉苦脸，见了我总是咧开没有牙齿的嘴笑着，发出一阵很难听得清的喃喃声。但我知道，这是一种友善的表示，是老人对孩子们的那种亲昵。这么晚了，她来找我干什么？

没等我出声，她已经用漏风的声音开口了：“我给你送书来了，送一本书。”送书？这怎么可能呢？“村口好婆”根本不识字，她的小草屋里，除了一张破床，一副炉灶和一些装粮食的坛子，几乎什么也没有，哪里来什么书呢？“村口好婆”一边说着，一边哆哆嗦嗦地拿出一个方方正正的布包来。我心里一热，赶紧接过布包，扶住她瘦削的肩膀，说：“来，到我屋里来坐一会儿吧。”“村口好婆”咧开她那没有牙齿的嘴笑了：“不坐不坐，这么晚了。你看书吧。”说罢，她转过身，弓着腰，吃力地挪动着一双小脚，沿着一条窄窄的小路走了，一头白发在月光下飘动……

我回到小屋里，在油灯下打开布包，不禁愣住了：布包里，是一部有着布套的线装书，书套上有一行古朴的字：《仿宋，孙批胡刻文选》。这是《昭明太子文选》，是一部我想了好久而未能得到的珍贵的书。这简直是奇迹，是神话。“村口好婆”怎么会有这样一部书呢？抚摸着光滑的书套，我浮想联翩。也许，这是年轻的时候，她的去世的丈夫为她留下来的；也许，是她云游在外的儿子，临走时交给她的……反正，这一定是她精心保藏了大半辈子的一部书。她不识字，但她珍重这书，现在，她竟把这书送给了我，送给了一个孤独的下乡知青。想着，想着，油灯的火苗在我的视线里模糊起来，止不住的泪水簌簌地滴落在书上。我觉得，手中的这套书是那样重，那样温暖，这是一个孤苦老人的一颗善良的心呵！

我奔到门口，“村口好婆”已经走远了，只看见那一头白发，在很远的地方一闪一闪，像一朵雪花，消融在无边无际的月色中……

回到小屋后，我打开书套，像每次得到好书时一样，又欣喜又兴奋地翻开了那些发黄的书页。巧得很，正好翻到谢希逸的《月赋》，古人用绮丽的文字，娓娓地描述着皎洁的月光，也仿佛描绘着我的心情：“……白露暖空，素月流天……升清质之悠悠，降澄辉之蔼蔼……”

我怎么忘得了这个月夜呢！“村口好婆”早已离开人世，我的插队生涯也已成为历史，然而我绝不可能忘记那些善良纯朴的乡亲们，不可能忘记他们那种真挚深厚的情谊。回忆那时的情景，我总是感动不已。“村口好婆”那一头白发，白发下那一张皱纹密布的萎缩的脸，那一双慈祥温和的眼睛，常常出现在我的眼前。如果我虚度光阴，这张脸便会非常严肃，慈祥的眼神中出现了责备的神情；如果我正努力着，这张脸便笑了，咧开了没有牙齿的嘴……

远处的琴声早已沉默，我，却沉浸在自己的回忆之中。那清泉一般的月光，依然在我的心里流淌着，萦回着，无穷无尽，无穷无尽……

天上花，湖里梦

夜晚，没有风，湖水平静得像一面巨大的镜子，映照着没有星月的夜空。湖天之间，近处的树林，远处的楼房，以它们起伏跌宕的曲线勾勒出地平线神秘的轮廓。夜空和湖泊，是两个轴对称的浩瀚空间。

湖畔集聚着数不清的人。人们默默地注视着宁静的湖面，期待着奇迹的出现。音乐响起，仿佛是从湖水里漂旋而出，在空旷的湖水之间回荡。紧随着音乐，湖天交界处突然蹿出一道道暗红色的光点，犹如活泼的蝌蚪，从湖水深处向深邃的夜空腾游，也像犀利的鸣镝，从空中呼啸着飞入湖底。只不过瞬间的工夫，这些蝌蚪和鸣镝便轰然炸裂，变成一朵朵巨大的彩色花朵，在夜空中缓缓绽开。原本幽暗寂静的天和湖，霎时被照得亮如白昼。由晶莹耀眼的火星和彩焰构成的花朵，应和着优美的音乐，伴随着接连不断的爆炸声，在空中一轮又一轮竞相开放。焰火消失后，天上留下了一团团白色的烟雾，这些烟雾，也是花卉的形状，它们随风飘动变幻，继续着焰火在夜空里演出的奇妙童话。而天上发生的所有一切，一无遗漏，都同时倒映在湖里……

如果你的想象力不贫乏，那么，在这些千变万化的焰火里，可以联想起大地上所有的奇花异卉，可以联想起一年四季中大自然的美妙风景。当然也会联想起和焰火有关的往事，回忆起和焰火有关的一些难忘瞬间。在中国，和焰火联系在一起的，都是喜庆的节日之夜，国庆，春节，还有那些欢庆胜利的时刻。在我儿时的记忆中，国庆之夜，是烟花的世界，每年国庆节的夜晚，挤在汹涌的人流中，走向南京路，走向人民广场。天黑下来之后，站在街道和广场上的人群都抬头仰望着天空，期盼激动人心的时刻到来。这样的期盼总不会落空，当那些暗红色的蝌蚪飞上天空，欢快的爆裂声在空中炸响，满天的礼花，用缤纷炫目的光芒照亮每一双眼睛，也将彩色的记忆留在每一个人心里。而春节的焰火，则是另外一种景象，那是老百姓的自娱自乐，是孩子们欢天喜地的缘由。街头巷尾，屋顶阳台，到处有人在放烟花。那烟花，没有国庆的焰火蹿得那么高，也没有国庆的礼花那么辉煌，但热闹的气氛，却是国庆的礼花不能比拟的。如果把国庆的礼花比作花园里国色天香的牡丹，那么，春节的烟花就像大自然中满山遍野的野花。

天上的烟花像什么？在听到有人这样发问时，除了那些美好的回忆，我的脑海中竟出现了一些和此时气氛毫不相干的景象。那是战争中的夜景：枪弹和炮弹在夜空中划出耀眼的弧线，随之而来的，是爆炸，是火光，是惊悸的呼喊和痛苦的呻吟……

经历过战争时代的人，都有这类恐怖的记忆。父亲在世时，曾经对我说过他的见闻。年轻时，他看见过日本飞机轰炸上海。飞机在天空中隆隆飞过，炸弹从天而降，如飞蝗，如黑鸦，成群成片，接下来就是世界末日般的景象，

大地摇撼，火光四起，城市仿佛在地震中颤抖，浓烟起处，很多楼房轰然倒塌。完成魔鬼使命的日军机群很快消失，空中依然白云蓝天，但人间已是惨象遍地。生命的毁灭发生在炸弹落地的瞬间，无数人在爆炸中丧生，火焰里血肉横飞，遇难者少有完整尸身，到处可以看到死者的鲜血和肢体……多少个亲和的家庭，在爆炸声中毁灭，来不及留下流连人世的只字片言。人们至今仍记得，在被炸毁的火车站的站台上，一个未谙世事的孩子，坐在死去的母亲身边，惊惶无措地放声大哭，他的人生，就要从惨绝人寰的爆炸、从亲睹母亲在自己的注视下死去的噩梦中开始。一个记者拍下了那个孩子坐在母亲尸体边痛哭的照片，第二天在报上发表，震惊了整个世界。那张照片，展示了战争的残酷，控诉了侵略者的罪行，也保存了那段惨痛的记忆。那个孩子后来的人生，没有人知道。今天，如果他还活着，也已经是年近八旬的老人。也许，那段

可怕的经历，是追逐他一生的梦魇。

那个孩子的身边，也是烟和火……

前几天，看电影《东京审判》，遇到电影演员秦怡。看完电影，我们在一起谈观感，秦怡回忆起抗战年代的往事。当时，她在重庆，亲身经历了日本的大轰炸。当侵略者的轰炸机在天空盘旋时，无数人在爆炸中丧生，无数家庭在火光中破碎毁灭。秦怡说起1941年6月5日的重庆隧道大惨案，为躲避日军空袭，两千多人在隧道中窒息而死。秦怡说起那些在黑暗的隧道中苦苦挣扎，最后气绝死去的人的惨状。那些在隧道里死去的人，都是以站立的姿势挤成一堆，水泥的墙上被他们抓出了印痕……这是人世间最痛苦的死亡。秦怡说着，眼睛里泪光闪烁……

秦怡的回忆，使我想起一位重庆老人的悲伤叙述，在日军对重庆的轰炸中，她家有六个亲人丧生。我的电脑中，记录着她那些让人心惊的言语：

“那天是一九三九年农历八月十四，刚好是我外公一周年祭日。天气很热，全家人刚吃过中午饭，正在耍，当时一屋子的人有说有笑，特别热闹。突然，防空警报响了，外婆、老汉儿（父亲）、二姐、大姐两岁半的女儿、舅爷、舅娘、舅娘的女儿，加上我 8 个人，和另外 3 个帮工一起躲进附近的防空洞，当时舅娘还有身孕。

“一会儿，警报解除了，我们从防空洞里出来了。谁知敌机突然又回来了，但我们已经来不及再躲起来了，只听见天空中一阵‘嗡嗡’的声音。一颗炸弹在我家的坝子里爆炸了，房子炸塌了，我们一家人都被埋在了废墟里……我扒在废墟中的两根木桩之间大哭大喊，只见四周树枝上挂着的亲人们的衣服碎片，地上是他们的断脚断手断头……

“大姐女儿身上的衣服也不知道哪里去了，从前面看身上一点伤都没有，但背上有一个拳头大小的洞，肠子从里面流出来一大堆。舅娘被掏出来时脑壳却没有了，脖子断得齐齐整整，直到下葬时也没有找到她的头。

“那次轰炸后附近几个镇的棺材铺都卖缺了。”

这样的噩梦，和眼下舒展在湖天之间的美妙焰火，没有任何关系。然而，我却无法驱散火光中生发的遥远苦痛的联想。

炮火和焰火，都是火药的爆炸产生的光芒，两者的目的和效果却是天差地别。炮火，是为进攻，为征服，为反抗，为破坏，为杀戮，是人间最可怕最惨烈的景象，是战争、灾难和死亡的象征；焰火，是为庆祝，为团圆，为展示和平的欢乐，为表现人间的繁华和喜悦。同样是火花，同样是爆炸，两者所展示的，却是人类生活中完全不同的两个极端。

在满天满湖绚烂的焰火中，我默默地为人类的和平祈祷。但愿有这样一天，人间本来用来准备战争的火药，都被改做成了烟花，在一个全人类共庆的夜晚，让象征和平团圆的火焰之花开满地球的上空，万紫千红，此起彼伏。有什么花朵能比这样的烟花更美丽呢？它的神奇幸福的光芒，将照亮世界的每一个角落，照亮不同肤色的面孔，也将照亮人类走向繁华安康的未来之路……

阅读提示

真实的力量

夜使人生发遐思，月夜更是容易让人回忆过往。《月光曲》就写了这样一件特别的经历。崇明岛的深秋之夜，农村里孤独的知青，一个孤苦的老人，经由一次“送书”产生了交集。事实上，这篇散文背后还有个小故事。老人当初送来的，其实是一本没有封面的 1936 年的黄历，对作者来说，其实一点用也没有，但他当时对着这本书，忍不住哭了一场。老太太并不识字，只觉印有文字的都是书，是读书人的宝贝，一定会对这个上海来的年轻知青有所帮助。1970 年代，作者曾将此事写入一篇短文《荒年，书的饥渴》。数年后，有编辑来约稿，作者又写下了这篇《月光曲》，一位友人看到原稿，认为文章里最重要的情节是一个笑话，是对一个没有文化的农民的讽刺。友人进一步建议说：“你应该把这个情节改掉。我知道你还得过一套《昭明太子文选》，你就改成老太太送你《昭明太子文选》，这里不妨设一个悬念，留一个空白，为什么一个不识字的农民会有《昭明太子文选》？你不要去解答，让读者自己去想象。”作者当时被说服了，照此做了修改。然而不久，即有读者来问，为何两篇文章讲述的是同一件事，送的书却不一样？作者由此对改动十分后悔，而友人却对读者的反应不屑一顾，于是作者又写了一篇文章《黄历和〈昭明太子文选〉》，讲了整件事情的经过，请读者评判是否应该修改这个情节。文章发表后，收到很多读者来信，读者们一致认为不应该修改这个细节。有一位读者在信中说：“老太太送给你黄历这个细节，是整篇文章的画龙点睛之笔，这一笔修改了，龙变成了瞎子，整篇文章都变得虚假了。”可见，真实的生活，往往是最有力量的，虚构的机巧，常常及不上原初朴素的感动。

第6堂课 生活定格

6

Lesson 6

雨　中

傍晚，天边飘来一朵暗红色的云。天还没落黑，就淅淅沥沥下起雨来。

热闹了一天的城市，在雨中渐渐安静下来。汹涌的人潮流进了千家万户，水淋淋的马路，像一条闪闪发光的绸带，在初夏的绿荫中轻轻地飘。一群刚刚放学的孩子撑着雨伞，仿佛是浮动的点点花瓣；偶尔过往的车辆，就像水波里穿梭的小船……

一个年轻的姑娘拉着一辆小运货车，在雨中急匆匆地走来。车上，装着两大筐苹果，红喷喷的，黄澄澄的，堆得冒出了箩筐。许是心急，许是路滑，在马路拐弯处，只见小车一歪，一只箩筐，翻倒在马路上，又圆又红的大苹果，滴溜溜地在湿漉漉的路面上蹦跳着，蹦到了马路中间，跳到了马路对面，一时滚得满地都是。姑娘赶紧放下车把，慌里慌张拾了起来。几百个苹果散了一地，哪里来得及捡呢！姑娘捡起了这个，滚走了那个，眼看，汽车嘟嘟叫着从远处驶来……

正好，有一群放学回家的孩子们走过这里，没等姑娘招呼，他们就奔过去，七手八脚地捡了起来。姑娘直起身子，不由皱起了眉头，哦，假使遇上一帮淘气的孩子，每人捡几个苹果一哄而散，挡也没法儿挡呀！仿佛看出了她的焦虑，一个胖乎乎的小男孩走到她身边，说：“不要着急，大姐姐，一个苹果也不会少！”说罢，他解下脖子上的红领巾，大声叫道：“刚刚、彬彬、小军，来，跟我封锁交通！”然后，又不停地摆动红领巾，向驶近的汽车大声叫着：“停一停！停一停！”

一辆大卡车停下来了。司机是个小伙子，他把头伸出车窗一瞧，笑了，然后砰的一声打开车门，跳下车和孩子们一块儿捡起苹果来。一辆小轿车停下来了，一位满头白发的老人也走下车来了。路边，过往的行人也来了。大大小小的人们混在一起，追逐着满地乱滚的苹果，宁静的马路顿时热闹起来……

这一切，发生得这样突然，又结束得这样迅速。我们的那位运苹果的姑娘，还没来得及说声谢谢，帮助拾苹果的人们已经消散在雨帘里。孩子们嬉笑着撑开伞，唱着歌儿走了，卡车和轿车也开走了。只有那一筐散而复聚的大苹果，经过这一趟小小的旅行，变得水淋淋的，在姑娘身边闪着亮晶晶的光芒。

两筐苹果，几个孩子，一场为夏天的闷热带来的万般清凉的雨……这些本来毫不相干的事物，在一个偶然的机会里，却相互关联着，组成了一个并不宏大，却十分动人的场面——留下了很多的深思，随着这绵绵长长的雨点，随着这拂拂而来的夜风，流进了一条条大街小弄，或许，也流

进了人们的心里……

在夏天，这样的雨是很多的。

我盼望着……

雨，还在飘飘洒洒。恢复了宁静的马路，依然像条闪光的绸带，在雨帘里轻轻地飘。运苹果的姑娘目送着孩子们彩色的雨伞，突然感到，这初夏的雨点，是那么清凉，这雨中的世界，是那么清新……

夕照中的等待

下午四点钟，阳光乏力地照到新居的窗上，像一幅懒洋洋的窗帘，感觉到它缓慢无声的飘动，却无法将它掀起，无法随手将它收拢。

阳光由亮而暗，由金黄而橘红，这些细微却不可逆转的变化，正是我所期待的。

没有阳光的日子，窗外是一片灰蒙蒙的天。我似乎另有期待……

“笃，笃，笃，笃……”

门外楼梯上，响起了一阵清晰而沉着的声音。好像是有人拄着拐杖从楼上下来，经过我的门口，又缓缓下楼。这声音节奏实在慢得可以，那笃笃之声由上而下，由重而轻，在我耳畔回旋老半天，依然余音袅袅。

大约过半个小时，那声音复又从楼下响起，慢慢又响上楼去。这声音节奏更慢，更为浊重。

刚搬进新居那几天，从早到晚杂乱的脚步声不断，听到那笃笃之声时，我只是闪过这样的念头：大概是一个老人，或者是一个病人。

一天天过去，那声音天天在四点钟光景响起，从不间断。于是我生出了好奇之心。有一天那声音响过我的门口时，我轻轻地打开门。门外的景象震撼了我的心——

那是一个身材高大却骨瘦如柴的老人，他佝偻着身子，一手扶着楼梯栏杆，一手撑着拐杖，艰难地从楼上走下来，每走一步，浑身都会发出一阵颤抖。听到我开门的声音时，他抬头笑了一笑，嘴里发出一阵含糊不清的声音，很显然，他在和我打招呼，而且很友好。他那灰黄的脸上呈露的笑容有些骇人，布满老年斑的皮肤下凹凸着头骨的轮廓。

如果把生命比作一支蜡烛的话，这老人的生命之火大概已快燃到了尽头。他为什么每天这时候都要走上走下？那一百八十级楼梯对他简直就是一场艰苦而又漫长的马拉松。我无法解开心中的疑团，情不自禁地便跟着他走下楼去。

老人双手拄着拐杖，坐在门口的一个花坛边上，目光呆滞地望着前方那空无一人的路，沐浴在温暖而凄凉的光芒中，像一尊苍老的雕塑。注意到他的眼睛时，我不觉怦然心动。这是一双充满渴望的生机勃勃的眼睛，那渴望犹如平静的池塘深处涌动着巨大的旋流。

我在路上慢慢地走，迎面遇到了骑自行车过来的邮递员。这是个沉默寡言的小伙子，因为我的邮件特别多，而且知道我以写作为生，所以见到我很客气，但也从不啰唆。他从邮包中掏出给我的信件和《新民晚报》，目光却越过我的肩膀注视着我的身后。

“怎么？你认识这位老人？”我诧异地问。

邮递员从邮包中抽出一份报纸，很平静地答道：“是的。他在等我，等《新民晚报》，每天都等。”说罢，他丢下我急匆匆奔向那老人。

老人笑着接过报纸，嘴里又发出一阵含糊不清的声音，这次我听清楚了，他是在道谢。

送报纸的小伙子骑着自行车走了。老人没有回身上楼，却又坐到花坛边上。他把拐杖搁在一边，双手捧着报纸读起来。他的手在颤抖，报纸便随着手的颤抖晃个不停。鼻尖几乎碰到报纸，眯缝着的眼睛里闪动着焦灼、激动、贪婪而满足的目光。

一张晚报，对他竟有这么大的吸引力！

“这位老公公九十岁了，一张晚报是伊命根子，勿看见晚报，伊会在门口一直坐到天墨墨黑，侬讲滑稽勿滑稽？”说话的是底楼的一位孕妇，她腆着大肚子，站在门口一边打毛线，一边笑着告诉我。

老人已经颤巍巍地拄着拐杖走进门去。于是，那“笃笃笃笃”的声音又在楼梯和走廊里久久地回响……

此后天天如此，不管阴晴雨雪，每到下午四点，那拐杖声便在楼梯上响起，仿佛已成为我们这栋楼的一个组成部分。我在读晚报的时候，很自然地便会想起老人那焦灼、激动、贪婪而满足的目光。晚报上的消息和文章大多平平淡淡，然而大上海三教九流形形色色的生活却展现其中。晚报打开了一扇窗口，为老人孤独寂寞的晚年吹送着清新的风。一张晚报，在他面前是一个广阔而又热闹的世界，埋头在报纸里的时候，他的感觉也许就像已置身在这个世界中一样了。

一天傍晚，我出门办事回来，看见老人已在门口坐着等邮递员了。他将下巴支在拐杖扶手上，目光紧盯着那条空无一人的路。不一会儿，天下起雨来，

雨珠又大又密，很快就把黄昏的世界淋得透湿。这时，只见好几个人围着老人，底楼那位孕妇清脆的嗓音很远就能听见：

“老公公，今朝晚报勿会来了，侬还是回家去吧。天黑了，侬衣裳也淋湿了……”

接下来是一个中年男人不耐烦的声音：“爹，你何苦这样呢？每天跑上跑下，身体吃勿消。晚报看勿看有啥关系！”这大概是老人的儿子。我曾在楼梯上和他打过几次照面，是个衣冠楚楚的高个子男人。

“唉，真是烦死人！晚报晚报，断命格晚报，弄得一家人勿太平！勿看见晚报像要伊格命一样！我看啊，下个月索性停脱算了！”说话的肯定是老人的儿媳妇了，一个喜欢穿花衣花裤的满脸横肉的女人。

刚才发生的事情，不用解释我也明白了。晚报没有送来，老人一直在雨中等到现在，所以才引出麻烦来。

我走近门口，只见老人头上披着一张透明的塑料布，坐在花坛边上，神情木然，呆滞的目光流露出近乎绝望的悲哀。周围的人在说些什么，他似乎一句也没有听见。几位邻人面露恻隐之色，那孕妇打着一把雨伞站在老人的身边，显得手足无措；老人的儿子皱着眉头，显然，他已最大限度克制了自己的情绪；穿着花衫花裤的儿媳妇则满脸愠怒。眼见围观的人多起来，那一对愤怒的夫妇不由分说架起老人就往楼里拖，留下一群围观者在门口叹息：

“唉，作孽！作孽！”

“这老头子也有点儿怪，一天勿看晚报有啥关系，非要一直等下去。”

“伊活在世界上就剩下这一点点乐趣，侬哪能怪伊呢！”

“唉，到这样一把年纪，人活着也无啥味道了。”

“……”

人们摇着头默默地散去。这一天的晚报终于没有送来。

第二天下午，我留心谛听门外的声音，拐杖声却始终没有出现。我下楼去取晚报，正好遇到那位年轻的邮递员。

“哎，老公公怎么今天不等我了？”邮递员一边往信箱里分发报纸一边问。

“他昨天淋在雨里等你到天黑。今天他大概不想再白白地等三个小时了。”站在门口的孕妇笑着和邮递员开玩笑。

邮递员愣了一愣，说：“昨天是印刷厂出毛病，我们也没办法。”说着，他把已经塞进六楼信箱的那份晚报又抽出来，转身噔噔噔地奔上楼去，几分钟后，小伙子脸色肃然，步履沉重地走下楼来。

“老公公怎么了？”我问。

“病了。”他只回答了两个字。

这以后，大约有一个星期没见老人下来。那笃笃笃的拐杖声从楼梯消失了。而六楼的那份晚报，竟也真的停了——老人儿媳妇的建议，大概被兑现了。

那天下午，黄昏的阳光又准时地照到了窗上。这时，我简直难以相信自己的耳朵——门外楼梯上，那消失了许多天的拐杖声音又响了。

“笃，笃笃，笃，笃笃笃……”

那声音和以前明显的不同，节奏极慢，毫无规律。从那慢而紊乱的声音里可以想象出老人举步维艰的样子。我开门往外看时，老人一手拄拐杖，一手扶楼梯把手，正弓着背站在楼梯拐弯处，大口大口地喘气。他的脸色灰白，目光呆呆地俯视着楼梯下面。这里离地面还有五层楼！

我走近老人，想扶他下楼。老人抬起头，咧开嘴朝我笑了一笑，慢慢地摇摇头，然后又开始往下走。他浑身颤抖着，脚每跨下一步都要花极大的力气，握拐杖的手显然已力不从心，拐杖毫无目的地在地面拖着……

十分钟以后，老人终于又坐到了门口的花坛边上。他像往常一样，将下巴支在拐杖把手上，凝视前方的依然是一双充满渴望的生机勃勃的眼睛。他家订的那份晚报已经停止，他难道不知道?

邮递员来了，还是那个年轻的小伙子。他老远就大喊:“哎，老公公！你好！”

老人的眉毛动了一动，双目炯炯生光。

小伙子在老人面前下了车，不假思索地从邮包中抽出一份晚报塞到他手里。

老人埋头在晚报中，再也不理会周围的一切。晚报遮住了他的脸，我无法观察到他的表情，只见他那双紧抓住晚报的手在颤抖。那双枯瘦痉挛的手使我联想起溺水者最后的挣扎。

老人在花坛边上一直坐到天黑，他的脸始终埋在晚报之中。他是怎么回到楼上的我不知道，因为我再没有听见拐杖声响过。

第二天早晨，听邻人说，六楼那位老公公死了，死在夜深人静时。他的儿子和媳妇发现他死的时候，老人已经僵硬，手里还紧攥着那张晚报。

“砰——叭！”

一个爆竹突然在空中炸响，打破了早晨的寂静。原来在底楼那位孕妇在同一天夜里顺利地生下一个六斤四两的儿子。

“砰——叭！”

清脆的爆炸声迎接了一个新生命的诞生，也送走了一个留恋人世的老人离去。

阅读提示　生活如潮汐般交替

如果把我们每天的生活比作电影，我们所经历的人与事，那一个个瞬间，就如同电影中的一幕幕定格。这一组散文所截取的，正是这些生活中饶有意味的定格。

《雨中》比较单纯，传递的是助人为乐的正能量。《夕照中的等待》要更复杂一些，它可以看作是许多幕定格的组合。楼上的老人每天下楼等待送报，作者在其中截取了三个桥段，来表现老人的执着。这样的执着，你也可以看作是一种怪癖，不可理喻甚至滑稽（底楼那位孕妇邻居就是这么认为的），但如果换一个角度，从对老人的同情的角度来理解，他每天下楼等待邮递员送报，这一行为维系了他的全部乐趣与希望，是他对人世依然充满眷恋的象征。他已垂垂老矣，行动不便，已没有能力亲身参与到各种社会生活中，于是晚报成了他与社会之间的纽带，他借此间接地参与到社会生活中，表达自己的“在场”。能够理解老人心境的，除了作者，大概就只有那位邮递员了。文中对邮递员虽然着墨不多，但从“他老远就大喊：‘哎，老公公！你好！’”“小伙子在老人面前下了车，不假思索地从邮包中抽出一份晚报塞到他手里”等寥寥几笔中，已能看出邮递员对老人的尊重与理解。文章的结尾，老人离世，同时一个新的生命又降生了，这一笔充满寓意，象征着生活也如潮汐般交替，生生不息。

第7堂课

众生有情（上）

7

Lesson 7

蝈 蝈

窗台上挂起一只拳头大小的竹笼子。一只翠绿色的蝈蝈在笼子里不安地爬动着，两根又细又长的触须不时从竹笼的小圆孔里伸出来，可怜巴巴地摇晃几下，仿佛在呼唤、祈求着什么。

“怪了，它怎么不肯叫呢？买的时候还叫得起劲。真怪了……”一位白发老人凑近蝈蝈笼子看了半天，嘴里在自言自语。

老人的孙子和孙女，两个不满八岁的孩子，也趴在窗台上看新鲜。

“它不肯叫，准是怕生。”小女孩说。

“把它关在笼子里，它生气呢！”

小男孩说着，伸出小手去摘蝈蝈笼子。

“小囡家，别瞎说！”老人把笼子挂到小孙子摘不到的地方，然后又说，“别着急，它一定会叫的！”

整整一天，蝈蝈无声无息。两个孩子也差点把它忘了。

第二天，老人从菜篮里拿出一只鲜红的尖头红辣椒，撕成细丝塞进小竹笼里，“吃了辣椒，它就会叫的。”他很自信。两个孩子又来了兴趣，趴在窗台上看蝈蝈怎样慢慢把一丝丝红辣椒吃进肚子里去。

整个白天，蝈蝈还是没有吱声，只是不再在小笼子里爬上爬下。夜深人静的时候，蝈蝈突然叫起来，那叫声又清脆又响，把屋里所有的人都叫醒了。

“听见么，它叫了，多好听！”老人很有点得意。

两个孩子睡眼蒙眬，可还是高兴得手舞足蹈，把床板蹬得咚咚直响。

蝈蝈一叫就再也没有停下来，从早到晚，不知疲倦地叫，叫……它不停地用那清脆洪亮的声音向这一家人宣告它的存在，很快，他们就习以为常了。蝈蝈的叫声仿佛成了这个家庭的一部分。

蝈蝈的叫声毕竟太响了一点。在一个闷热得难以入睡的夜晚，屋子里终于发出了怨言：

“烦死了，真拿它没办法！”说话的是孩子的父亲。

“爸爸，蝈蝈为什么不停地叫呢？”

男孩问了一句，可大人们谁也不回答。于是两个孩子自问自答了。

“它大概也热得睡不着，所以叫。”

“不！它是在哭呢！关在笼子里多难受，它在哭呢！”

大人们静静地听着两个孩子的议论，只有白发老人，用只有自己能听见的声音叹息了一声……

早晨醒来时，听不见蝈蝈的叫声了。两个孩子趴在窗台上一看，小笼子还挂在那儿，可里面的蝈蝈不见了。小笼子上有一个整齐的口子，像是用剪刀剪的。

“它咬破了笼子，逃走了。”老人看着窗外，自言自语地说。

绣眼和芙蓉

曾经养过两只鸟，一只绣眼，一只芙蓉。

绣眼体型很小，通体翠绿的羽毛，嫩黄的胸脯，红色的小嘴，黑色的眼睛被一圈白色包围着，像戴着一副秀气的眼镜，绣眼之名便由此而得。它的动作极其灵敏，虽在小小的笼子里，上下飞跃时快如闪电。它的鸣叫声音并不大，但却奇特，就像从树林中远远传来群鸟的齐鸣，回旋起伏，变化万端，妙不可言。绣眼是中国江南的名鸟，据说无法人工哺育，一般都是从野地捕来笼养。它们无奈地进入人类的鸟笼，是真正的囚徒。它的动听的鸣叫，也许是对自由的呼唤吧。

那只芙蓉是橘黄色的，毛色很鲜艳，头顶隆起的一簇红色的绒毛，黑眼睛，黄嘴，黄爪，模样很清秀。据说它的故乡是德国，养在中国人的竹笼中，它们已经习惯。芙蓉的鸣叫婉转多变，如银铃在风中颤动，也如美声女高音，清冷百啭。晴朗的早晨，它的鸣唱就像一丝丝一缕缕阳光在空气中飘动。芙蓉比绣眼温顺得多，有时笼子放在家里，忘记了关笼门，它会跳出来，在屋

里溜达一圈，最后竟又回到了笼子里。自由，对于它来说似乎已经没有多少吸引力。

两只鸟笼，并排挂在阳台上。绣眼和芙蓉相互能看见，却无法站在一起。它们用不同的鸣叫打着招呼，两种声音，韵律不同，调门也不一样，很难融合成一体，只能各唱各的曲调。它们似乎达成了默契，一只鸣唱时，另一只便静静地站在那里倾听。据说世上的鸣鸟都有极强的模仿能力，这两只鸟天天听着和自己的歌声不一样的鸣唱，结果会怎么样呢？开始几个月，没有什么异样，绣眼和芙蓉每天都唱着自己的歌，有时它们也合唱，只是无法协调成两重奏。半年之后，绣眼开始褪毛，它的鸣唱也戛然而止。那些日子，阳台上只剩下芙蓉的独唱时而飘旋起伏。有一天，我突然发现，芙蓉的叫声似乎有了变化，它一改从前那种清亮高亢的音调，声音变得轻幽飘忽起来，那旋律，分明有点像绣眼的鸣啼。莫非，是芙蓉模仿绣眼的歌声来引导它重新开口？然而褪毛的绣眼不为所动，依然保持着沉默。于是芙蓉锲而不舍地独自鸣唱着，而且叫得越来越像绣眼的声音。绣眼不仅停止了鸣叫，也停止了那闪电般的上下飞跃，只是瞪大了眼睛默默聆听芙蓉的歌唱，仿佛在回忆，在思考。它是在回想自己的歌声，还是在回忆那遥远的自由日子？

想不到，先获得自由的竟是芙蓉。一天，妻子在为芙蓉加食后忘记了关笼门，发现时已在一个多小时以后，那笼子已经空了。妻子下楼找遍了楼下的花坛，不见芙蓉的踪影。在鸟笼里长大的它，连飞翔的能力都没有，它大概是无法在野外生存的。

没有了芙蓉，绣眼显得更孤单了，它依然在笼中一声不吭。面对着挂在对面的那只空笼子，它常常一动不动地伫立在横杆上，似乎是在思念消失了踪影的老朋友。

一天下午，我从外面回来，妻子兴冲冲地对我说："快，你快到阳台上去看看！"还没有走近阳台，已经听见外面传来很热闹的鸟叫声。那是绣眼的鸣唱，但比它原先的叫声要响亮得多，也丰富得多。我感到惊奇，绣眼重新开口，竟会有如此大的变化。走近阳台一看，我几乎不相信自己的眼睛：鸟笼内外，有两只绣眼。鸟笼里的绣眼在飞舞鸣叫，鸟笼外，也有一只绣眼，围着鸟笼飞舞，不时停落在鸟笼上。那只自由的野绣眼，翠绿色的羽毛要鲜亮得多，相比之下，笼里的绣眼显得黯淡，不过此刻它一改前些日子的颓丧，变得异常活泼。两只绣眼，面对面上下飞蹿，鸣叫声激动而急切，仿佛在哀哀地互相倾诉，在快乐地互相询问。妻子告诉我，那只野绣眼上午就飞来了，在鸟笼外已盘桓了大半日，一直不肯飞走。而笼里的绣眼，在那野绣眼飞来不久就开始重新鸣叫。笼里笼外的两只绣眼，边唱边舞，亲密无间地分食着食缸里的小米，兴奋了大半天。

那两只绣眼此刻的情状，使我生动地体会到“欢呼雀跃”是怎样一种景象。妻子建议把笼门打开，她说那野绣眼说不定会自动进笼，这样我们可以把它养在芙蓉待过的空笼子里。有一对绣眼，可以热闹一些了。可我不忍心打断两只绣眼如此美妙的交流，我不知道，在我伸出手去开鸟笼门时，会出现怎样的局面。是野绣眼进笼，还是笼里的绣眼飞走？我想了一下，无论出现哪种结局，都值得一试。于是我小心翼翼地伸出手去，但还没有碰到鸟笼，就惊飞了笼外那只野绣眼。我打开笼门，再退回到屋里。笼里那只绣眼对着打开的笼门凝视了片刻，一蹦两跳，就飞出了鸟笼。它在阳台的铁栏杆上站了几秒钟，然后拍拍翅膀，飞向楼下的花坛，转眼就消失得无影无踪。

从远处的绿荫中，隐隐约约传来欢快的鸟鸣。

阅读提示 动物是照见人性的镜子

人对于动物的感情很复杂：轻忽、爱怜、畏惧、悲悯……不一而足。它们是异于人类的别样的存在，但又不得不与人类共存。人类对动物始终存在着理解的隔阂，但又时时将人类的情感投射于动物身上。“动物”是一切“物”中最接近人类的种群，也因此，人类从未放弃过与动物达成沟通与互动的努力。我们看法布尔的《昆虫记》，看雅克·贝汉的“天地人”三部曲，看BBC的系列纪录片《自然》，虽然那些作品都保持着一种科学的态度，但观者无不在那些小小生灵身上体察到某种人性。至于文学作品里，动物的拟人化更是屡见不鲜，甚至被“神”化，如风靡一时的《狼图腾》。

回到这一组散文，我们看到的是人与动物的日常。《蝈蝈》寥寥不足千字，却尽现人与动物之间的试探、误解、同情等多重情感。鸣虫以鸣叫来求偶，可一旦被关入牢笼，成为豢养的玩物，它求偶的目的永无可能实现，而孩子们只能以自己之心揣度它的鸣叫，是热得难受，或是悲伤哭泣，只有还它以自由，才是对它真正的善意。《绣眼和芙蓉》也是如此，所谓“生命诚可贵，爱情价更高。若为自由故，两者皆可抛”。有的时候动物正是照见我们人性弱点的一面镜子。

第8堂课

众生有情（下）

8

Lesson 8

与象共舞

在泰国，如果你在公路边的草丛或者树林里遇到一头大象，那是一件很自然的事情。不必惊奇，也不必惊慌，大象对蚂蚁一般的人群已经熟视无睹，它会对着你摇一摇它那对蒲扇般的大耳朵，不慌不忙地继续走它自己的路。那种悠闲沉着的样子，使你联想到做一个人的焦虑和忙乱。

象是泰国的国宝。这个国家最初的发展和兴盛，和象有着密切的关系。大象曾经驮着武士冲锋陷阵，攻城夺垒，曾经以一当十，以一抵百地为泰国人服役做工。被驯服的象群走出丛林的那一天，也许就是当地文明的起源。泰国人对象存有亲切的感情，一点也不奇怪。

在国内看大象，都是在动物园里远观，人和象隔着很远的距离。在泰国，人和象之间失去了距离，很多次，我和象站在一起，象的耳朵拍到了我的肩膀，象的鼻息喷到了我的身上。起初我有些紧张，但看到周围那些平静坦然的泰国人，神经也就松弛了。在很近的距离看大象的脸，我发现，象的表情非常平静。那对眼睛相对它的大脑袋，显得极小，但目光却晶莹而温和。和这样

的目光相对，你紧张的心情很自然地会松弛下来。

据说象是一种通人性的动物。在泰国，大象用它们的行动证实了这种说法。在城市里看到的大象，多半是一些会表演节目的动物演员。在人的训练下，它们会踢球，会倒立，会骑车，会用可笑的姿态行礼谢幕。最有意思的是大象为人做按摩。成排的人躺在地上，大象慢慢地从人丛里走过去，它们小心翼翼地在人与人之间寻找着落脚点，每经过一个人，都会伸出粗壮的脚，在他们的身上轻轻地抚弄一番，有时也会用鼻子给人按摩。一次，我看到一头象用鼻子把一位女士的皮鞋脱下来，然后卷着皮鞋悠然而去，把那躺在地上的女士急得哇哇乱叫。脱皮鞋的大象一点也不理会女士的喊叫，用鼻子挥舞着皮鞋，绕着围观的人群转了一圈，才不慌不忙地回到那女士身边，把皮鞋还给了她。那女士又惊又尴尬，只见大象面对着她，行了一个屈膝礼，好像是在道歉。那庞大的身躯，屈膝点头时竟然优雅得像一个彬彬有礼的绅士。

最使我难以忘怀的，是看大象跳舞。那是在芭堤雅的东巴乐园，一群大象为人们作表演。表演的尾声，也是最高潮。在欢乐的音乐声中，象群翩翩起舞，观众都涌到了宽阔的场地上，人群和象群混杂在一起舞之蹈之，热烈的气氛感染了在场的每一个人。舞蹈的大象，看起来没有一点笨重的感觉，它们随着音乐的节奏摇头晃脑，踮脚抬腿，前后左右颠动着身子，长长的鼻子在空中挥舞。毫无疑问，它们和人一起，陶醉在音乐中。这时，它们的表情仿佛也是快乐的，我想，如果大象会笑，此刻的表情便是它们的笑颜。

看着这群和人类一起舞蹈的大象，我突然想起了多年前听说过的一个关于象的故事。这故事发生在俄罗斯的一个动物园，一天，一头聪明的大象突然对饲养员开口说话，饲养员不相信自己的耳朵，然而大象竟清晰地用低沉的声音喊出了他的名字……当时看到这报道时，我认为这是无稽之谈。此刻，面对着这些面带微笑，和人群一起忘情舞蹈的大象，我突然相信，那故事也许是真的。

离开泰国前，到一家皮革商店购买纪念品，售货员拿出一只橘黄色的皮包，很热情地介绍说："这是象皮包，别的地方买不到的！"我摸了摸经过鞣制而变得柔软光滑的大象皮，手指竟像触电一般。在这瞬间，我眼前出现的是大象温和晶莹的目光，还有它们在欢乐的音乐中摇头晃脑跳舞的模样……

人啊人，如果我是大象，对你们，我还有什么话可说！

旅伴

是武夷山的腹地了。

举目四望，世界是绿色的。竹子、铁杉、青桐、鹅掌楸、黑松林……浓浓淡淡的绿，覆盖了逶迤起伏的群山，风一吹，林涛四起，像群山深深的呼吸，给人一种神秘幽远的感觉。最使人着迷的，是那条从高高的山坳中奔流而下的溪涧，山泉澄澈得如同有了生命的水晶，喧哗着，打着旋涡，吐着白沫，蜿蜒流泻在堆满乱石的山谷里。

我，在这个荒凉却充满诗意的山谷中住下了。投宿的小客栈临溪而筑，探头便能看见那条又清又急的山涧。流泉的歌唱，整日整夜陪伴着我，白天给我诗的灵感，夜晚送我进入梦乡……

然而毕竟有些寂寞。山中人烟稀少，小客栈里除了我，只有一个来自县城的收购组，七八个人，白天开着一辆面包车进山收购山货土产，傍晚才回来，天天如此。小客栈的主人是一对外乡来的中年夫妇，生得粗壮强悍，性情却很孤僻，难得和人搭腔，整天阴沉着脸，全然不同于那些热情爽快的山民。

白天，这里除了客栈主人和我，便再也没有其他人。只有客栈主人养着的一大一小两条黑狗，懒洋洋地躺在院子里晒太阳。小黑狗还未断奶，老是朝母狗肚子底下钻，大黑狗是一位很温顺的母亲，听任小狗在它身上胡缠。然而谁想逗小狗，它便会疯狂地叫起来，露出凶相。那小黑狗也会学样，拼命地对着人乱叫乱咬。而在客栈主人面前，它们却像两只乖巧的猫，会做出一副媚态。我不喜欢这两条黑狗。傍晚，收购组回来了，和他们聊聊，听一些山中奇闻，那是很有意思的。收购组里带队的是一位模样可敬的老人，鬓发已经斑白，精力却出奇地旺盛，天天带着一伙人上山，总是兴致勃勃，从来不露倦色。收购组里还有一位年轻的姑娘，她悄悄地告诉我，那老人是供销社的经理。

一天下午，收购组提前回来了。车门一打开，竟传出几声轻轻的狗叫。第一个下车的是经理，只见他两只手各抱一条小狗，快活地笑着。这是一对可爱的小狗，金黄的毛色在太阳光里闪着耀眼的光彩，像两个毛茸茸的大绒球。经理把小狗放在台阶上，两个小东西蜷缩着依偎在一起，亮晶晶的眼睛里流露着惊恐和不安。

“才五毛钱一个，从山里人家中买的。”经理轻轻抚摸着小狗的脑袋，笑着告诉我。一个小伙子上来用铁丝套住小狗的颈子，然后用绳子把它们拴在廊柱上。过了一会儿，两只小狗仿佛自在一点了，先是摇着尾巴东张西望，随即便互相扑打着玩耍起来。

院子里的两条黑狗也过来看热闹了。它们默默地站在一边，漠然凝视着两位新来的陌生同类，既无欢迎的表示，也没有厌恶的神情。看了一会儿，小黑狗失去了好奇心，又钻到大黑狗的肚子底下急急忙忙地去寻找乳头了。两条小黄狗比小黑狗还要小一点，也许早晨还含着母亲的乳头呢。此情此景，大概使它们想起了自己的母亲，它们不顾牵在颈子里的麻绳，挣扎着朝大黑狗扑去。大黑狗却如临大敌，龇露着白花花的利牙，凶狠地冲它们狂吠起来，小黑狗也在一边跟着乱叫。两条小黄狗失望了，又瑟缩着挤在一起，耷拉着脑袋再也不敢动。

哦，这一对失去了母亲的可怜的小东西！

傍晚，厨房里人声喧闹，只听见收购组的几个小伙子快活地大声嚷嚷："经理下厨，经理露一手！"我走进厨房，只见经理围着一条白围单，满脸红光，正兴致勃勃站在锅灶前亲自炒菜。客栈的那一对夫妇也在一边忙碌着，阴沉的脸上露出难得的笑，红红的鼻尖上冒着油汗。屋里，一股热烘烘的茴香和肉的味儿在缭绕。见我进来，经理笑呵呵地招呼道："来，今晚和我们一起会餐吧，吃狗肉！"

狗肉！哪里来的狗肉呢？见我惊奇，一个小伙子便说："就是今天带回来的小狗嘛，杀了。"我一愣，退了出来。

吃晚饭的时候，收购组的屋子里又叫又笑，热闹极了。小食堂里，显得很冷清。那个姑娘没有参加聚餐，和我在一张桌上吃饭。我忍不住问她了：

"你怎么不吃狗肉？"

"吃不下。"

"两条小狗都杀了？"

"本来都要杀的，一只给跑了，不知道躲到哪儿去了。"

姑娘说着，抬头看看门外。天已经全暗了，什么也看不见，黑黝黝的山影映在深蓝的天幕上，遥远而又神秘。屋后那条山溪哗哗地轰响着……

山中，一个沉默的夜晚。我一反平时的习惯，早早地睡了。屋外的流水声里，隐隐约约，似乎有狗在幽幽地叫……

半夜里，我被一种奇怪的声音惊醒了——屋外，仿佛有一个小孩在嘤嘤地哭泣，并且不时轻轻敲着门。这里，根本没有什么小孩，况且是半夜三更！我不禁毛骨悚然了。这声音断断续续，却并不消失，看来，绝不是错觉。我叭的一声拉亮了灯。灯亮后，这声音更响了，门被撞得一颤一颤的。我猛地拉开门，不由得惊叫起来——门槛上，蹲着一条小黄狗，小黑鼻子湿漉漉的，眼睛里仿佛噙着泪花。哦，一准就是死里逃生的那一只！

小黄狗走进屋来，蹲在屋子当中，定定地瞅着我，乞求似的眼神里，闪烁着信任的柔光。对了，明天一早，收购组就要回去，不能让他们带走它。我把小狗留下来了。奇怪得很，进屋后，它再也没有发出任何声音，安安静静在我的床底下睡了一夜。

第二天起床时，收购组已经出发了。

门一开，小黄狗便蹿了出去。它好像要寻找什么，在院子里转了好几圈，一无所获，低着头走到屋后的溪涧边，哗哗的流水声，使它振作起来，它抬头望着在石滩上曲折迂回、雪浪飞卷的溪流，望着水烟迷蒙的山谷，一动不动，像一座小小的雕像，不知在沉思些什么。两条黑狗发现它了，蹦跳着跑过去。小黑狗冲它叫了一声，使它中断了沉思。它转身望着两条黑狗，无动于衷。仿佛是为了刺激它，小黑狗一头钻到母亲身子底下，美滋滋地吃起奶来。小黄狗心动了，慢慢向前走了几步，然而没容它走近，大黑狗便龇牙咧嘴地扑上去，狠狠地在它的脖子上咬了一口。小黄狗一声惨叫，急忙逃进了我的屋子。一见到我，它便委屈地呜咽着，用小脑袋拭揉着我的脚……

小黄狗和我熟了，整天跟着我转。吃饭时，我总要留下一些饭菜喂它。我叫它小黄。这是条聪明的小狗，非常招人喜爱，只要叫一声“小黄”，不管在什么地方，它都会蹦蹦跳跳地奔过来，亲昵地用头撞我的脚，在我身边打滚，还不时直起身子用两条后脚走路，引我发笑。而对那两条黑狗，它总是离它们远远的。这个可怜的孤儿，大概不愿意原谅这一对同类的无情和势利。

非常奇怪，每天早晨，它总是一动不动地蹲在那条溪涧边，呆呆凝视着山泉奔腾远去，倾听着震撼空谷的流水声，不知道在想些什么。我在溪边洗脸刷牙，它居然也毫不理会——在其他时候，它是必定要朝我奔过来的。也许，它是在思念失散和死去的亲属们了……

有时，我要到山里作一些访问，路远，不能带着它。临走，我便设法躲开它，然后再悄悄离开。回来时，它总是蹲在院子门口等着，一听到我的脚步声，便迫不及待地迎上来，扑到我的腿上，嘴里还轻声哼着，仿佛诉说着和我分别后它的孤苦和寂寞，使人禁不住涌起怜悯之情。有一次，我到不远的一所山村小学校访问，决定带它去。走出不远，迎面碰上了从小镇上回来的客栈男主人。他板着脸，毫无表情地朝我点点头，依然走他的路。擦肩而过的时候，他突然站定了，眼光，停留在我脚边的小黄身上。僵持了一会儿，他说话了，口气很生硬："为啥带它去？这么小的狗，弄丢怎么办？不行！"说罢，也不和我商量，一把揪住小黄的后颈脖，拎起来就走。不管小狗怎样挣扎，怎样尖叫，他头也不回，扭动着矮壮的身躯，蹬蹬蹬直奔小客栈，丢下我一个人懵头懵脑地呆立在路上。哦，在他的心里，他是小黄理所当然的新主人了！

然而小黄却不承认这个主人，一不留神，它就会悄悄跟上我。一天，电影放映队进山放电影，我决定去看看，见识一下山里人的文化生活。电影场设在几里路外的一个小山村里，天黑，路也不好走，小黄是绝对不能带去的。那天有月亮，曲曲弯弯的山路好像一根银白的飘带，引着我走向幽谧森然的大山深处。走了一段路，我突然听见路边的草丛里窸窸窣窣地响，不由紧张地站住了——这山中多毒蛇，会不会是这些长虫们出来夜游了！正愣着，小黄欢叫着从草丛里窜出来。这一下，我可犯愁了，白天还好，晚上跟我走那么远，而且天黑人杂，怎能担保它不丢失了呢！

电影场子里的热闹出乎我的意料。几百个山民，聚集在一块不大的平地上，老老小小，一片欢声笑语。为了看这场电影，好些人是翻山越岭赶来的。我和山民们聊着，感受着欢乐的气氛。小黄开始还紧随着我，电影开映后，它蹲不住了，在我不注意的当儿，钻进了密密的人丛。电影，我是无心看了，在人群里转了好几圈，不见它的踪影。电影结束后，人群一哄而散。我一直等到最后，它却始终没有出现。看来，多半是跟别人跑了。回客栈的时候，我虽然沮丧，可心里却依然亮着一线希望的微光：它会回来的，不会就这样不辞而别。快走近小客栈的时候，我突然感到裤腿被什么勾住了，低头一看，是小黄！我一把抱起它，重重地在它的小脑袋上拍了两下，它也不挣扎，温顺地将脑袋搁在我的胳膊上，嘴里呼哧呼哧喘着气。我弄不清楚，它是从什么地方钻出来的，这真是个谜。

我启程的日子临近了。带它一起走，不可能。分手是不可避免了。小黄仿佛有点知道，整天跟着我，比以前盯得更紧。客栈主人眼见无法阻止它和我亲热，也就不管了。不过他郑重地关照了好几次：不能带它走！“城里不准养狗，带去也要被杀掉！”他不知道从哪里听来的，说得有板有眼。

临走的前一天，我到山中小镇去买点东西，它也跟了去。从小店里出来，我又找不到它了。小镇不过三五家店面，它能到哪里呢？然而来回走了几趟，呼喊了好一阵，它还是没有出现。准备走的时候，我似乎隐隐约约地听到一阵压抑的叫声，好像是小黄的声音。于是我又转回到小镇上。叫声消失了一

会儿，又响起来。这下听清楚了，声音来自一间门窗紧闭的小屋子，我紧贴着门板上的缝隙看清了屋里的情景：两个十几岁的孩子，正提起一个布袋朝灶膛里塞，布袋剧烈地蠕动着，那压抑的叫声，就是从袋子中传出来的！我推门而入，从灶膛里拖出布袋，袋口一解开，小黄就叫着蹿了出来，看见是我，欢喜得什么似的，一下子扑到我的身上，呜呜地叫着，像是哭，又像是在笑……

第二天清晨，我悄悄地离开了小客栈。小黄像往常一样，独自蹲在屋后的山涧边，默默地凝视着那条永远流不尽的溪涧奔泻远去，想着它的永远不会被人知道的心事。轰鸣的流水声包围着它，它没有发现我走，哦，最后不辞而别的，还是我。这个失去了亲属的小可怜，不知今后还会遇到什么灾难。走上公路，坐上准时到来的长途班车，我有些怅然，眼睛，一眨不眨望着窗外。汽车发动时，我发现远处的公路上出现了一个跳动的小黄点，逐渐大起来，大起来……

呵，是它，它追上来了。等它奔到汽车边上时，车子启动了。它抬头望着车窗，眼睛里亮晶晶的，好像噙着泪水。车子越开越快，它在后面拼命追，终于被落下了，又成了一个跳动的小黄点，并且不断地缩小，缩小，像一片在风中飘忽的黄叶，消失在武夷山无边无际的绿色之中，消失在山间淡淡的晨雾里。只有一阵阵凄厉的哀叫，久久地，久久地，伴随着山涧幽远的鸣响，在我耳畔飘旋，怎么也不肯消失……

阅读提示

万类生灵皆有情

这两篇散文中，流露出作者对动物的复杂感情。大象温和而通人性，以欢乐的舞姿取悦游客，直到死后，象皮还要被剥下来制成皮包售卖(《与象共舞》)；《旅伴》讲述了一只小狗的悲欢离合。在人烟稀少的山间客栈，小狗的出场就是以一场死亡为铺垫。收购组的经理买回两条小狗，却不料是为了杀狗烹肉。小黄狗死里逃生，成了“我”最好的旅伴。无论“我”走到哪里，小黄狗始终陪伴左右，这种平常的默默里，藏着最深挚的情谊。所以现在流行一句话，叫“陪伴是最长情的告白”。一只小狗对人的依恋，都体现在这样日常的小细节中。无论是同类的无情和势利，还是异类的残酷冷漠，“我”几乎可以说是小狗生命中唯一的温暖。其实如果我们将目光稍稍拓展，会意识到，《旅伴》讲述的不仅仅是人和狗之间的情谊，由此及彼到人与人之间，也常有相类似的情形。在孤独冷漠的环境里，你必然会对伸来的温暖之手心存感激、依恋。人对动物所有的感情，其实都关乎自身。在宇宙的洪流里，人和动物同样微渺，所谓兔死狐悲、物伤其类，动物的身上，时时刻刻折射出人类自身的处境，所谓“众生有情”，大概就是这个意思吧。

第9堂课

人也是风景

9

Lesson 9

在急流中

贝江，从迷蒙的深山中流出来。湍急的流水，在曲折的河道中卷着浪花，打着旋涡，一路鸣响着奔向远方。

轮船顺流而下，江水拍击船舷，溅起一排排水花。我站在船头，以悠闲的心情欣赏周围的风景，江两岸是绿荫蓊翳的青山，山坡上覆盖着翠竹和杉树，还有杜鹃。我想，若是在春天，漫山遍野的杜鹃盛开时，一定会美得惊人。

我向前方望去，只觉得眼帘中一亮。急流汹涌的江面上，远远地出现了一只小筏子，就像一只灵巧的小蜻蜓，落在水里拼命挣扎着逆流而上。划竹筏的好像是一个女人，因为远，看不清她的面容，只见她双手不停地划桨，驾驭着筏子，灵巧地避开浅滩和礁石，在湍急多变的江水中曲折前行。她的身后背着一个红色的包裹，远远看去，像一朵随波漂流的红杜鹃。

很快，小筏子就到了大船的跟前。划竹筏的，竟是一个年轻的少妇，她的神色安详，平静的目光注视着前方。她身后的红包裹，原来是一个襁褓，她是背着自己的孩子在江上赶路。我向她挥手，她朝我微笑了一下，脸上泛起一片红晕，马上又将目光投向江面，双手奋力划桨，继续在急流中探寻安全的通道。我发现，襁褓中的孩子将脑袋靠在母亲的肩膀上，正在酣睡，筏子上的颠簸和江上的惊险，他居然一无所知。

小筏子和大船擦肩而过，我们的相逢只在一个瞬间。在这个瞬间里，我感到惭愧。我，一个游山玩水者，悠闲地站在平稳的大船上欣赏风景，而她，一个背负儿女的母亲，却驾着小小的筏子在急流中搏斗。

回头看，那小筏子很快便消失在远方，只有那簇耀眼的红色，在水烟迷蒙的江面上一闪一闪，像一簇不熄的火苗……

在贝江上见到的这一幕，我很难忘记。急流中那位驾筏少妇安详的神态，坚定的眼神，奋力划桨的动作，还有她那在襁褓中安睡的孩子，这一切，组合成一幅感人的图画，留存在我的记忆中，再也不会消失。在城市人声喧嚣的天地里，有几个人能像她那样勇敢沉着地面对生活的急流呢？

三峡船夫曲

谁也无法用一句话概括三峡水流的特点。浩浩荡荡的长江挤进窄窄的夔门之后，脾气便变得暴躁、凶险、喜怒无常，不可捉摸了。你看那浑浊湍急的流水，时而惊涛迭起，时而浪花飞卷，时而一泻千里如狂奔的野马群，时而又在峡壁和礁石间急速地迂回，发出声震峡谷的呐喊。有时候，水面突然消失了波浪，像绷得紧紧的鼓皮，然而这绝不是平静的象征，在这层鼓皮之下，潜伏着危险的暗礁和急流。而最多、最可怕的，是旋涡，像无数大大小小的眼睛，在起伏的江面滴溜溜地打转，到处都闪烁着它们那险恶的不怀好意的目光……

你想想那些三峡船夫吧，驾着一叶扁舟，靠手中的竹篙、木桨，要征服狂暴不羁的江水，那该是何等惊心动魄的景象。其惊险的程度，绝不亚于在黄河上驾羊皮筏子，不亚于在大渡河的急流中放木排。

第一次见到三峡中的船夫是在水流湍急的西陵峡，那是一条摆渡船，尽管距离很远，看不真切，但那拼命搏斗的紧张气氛，还是强烈地震撼了我的心。小船横在江中，看上去那么小，小得就像一片枯叶、一根稻草，似乎每一个浪头都能吞没它。船上一前一后两个船工，每人操一支桨，一个在右，一个在左，拼命地划着。只见他们身体前倾，像两把坚韧的强弓，两支桨齐刷刷地落下去，飞起来，落下去，飞起来，仿佛一对有力的翅膀，不断地拍打着波涛滚滚的江面，在气势磅礴的峡江中，他们的翅膀是太微不足道了，随时都有折断的可能，他们能飞过去么？然而我的担心多余了，没等我们的轮船靠近，小木船已经到了对岸……

在巫峡，遇到一只顺流而下的小划子，那情景更是惊心动魄。小划子远远出现了，像一只小小的黑甲虫，急匆匆地、慌里慌张地贴着江面爬过来——说它急匆匆，是因为它速度极快；说它慌里慌张，是因为它走得毫无规律，一忽儿左，一忽儿右，常常莫名其妙地拐弯绕圈子。很快就看清楚了，小划子上头，稳稳地站着一位手持长篙的船夫，船中端坐着六位乘客，船尾还有一位船夫，一手扶一把既像橹又像舵的尾桨，一手掌一支木桨。小划子在急流和波谷浪山中灵巧地滑行，时而从浪的缝隙中穿过，时而又攀上高高的潮头。真是冒险呵，这单薄的可怜的小划子，在急流中箭一般冲下来，根本无法停住，随时都可能撞碎在峡壁礁滩上，随时都可能卷入连接不断的旋涡中，随时都可能被大山一般的浪峰一口吞没，被巨剑一般的急流拦腰砍断……船夫却镇静得如履平地。那位在船头手持长篙的船夫纹丝不动地站着，像跃马横枪，率领着万千兵马冲锋陷阵的大将军，又像剽悍勇猛的牧人，扬鞭策马，驱赶着一大群狂奔狂啸的黄色野马。野马群发狂般地撞他、挤他、踢他、咬他，想把他从坐骑上拉下来，然而终于无法得逞。有时候，飞速前进的小划子眼看要撞到凸出的峡岩上，只见他挥舞竹篙奋力一点，小划子便轻轻一转，转危为安。船尾那位船夫要忙一些，他不时划动双桨，巧妙地改换着前进的方向，在变化无穷的急流中觅得一条安全的航线。而那六位舱中的乘客，一个个正襟危坐，一动不敢动。我看不清他们的表情，但我能想见他们脸上惊慌的神色。在航行中，他们是不许有任何动作的，任何微小的颠动，都可能使小划子因为失去平衡而翻覆。如果遇到不安分的乘客在舱里乱动，船夫的竹篙会狠狠地当头打来，打得头破血流也是活该。倘若你不服，继续捣乱，船夫就要大喝一声，毫不留情地用竹篙把你戳下水去，这是捏着性命在凶恶的急流中搏斗呵！

小划子在轰隆隆的水声中一晃而过，很快就消失在峡谷的拐弯处。我凝视着起伏不平的江面，一遍又一遍回想着船夫在万般艰险中镇定自若的姿态，心里怎么也平静不下来。无数旋涡，在小划子经过的航道上打着转转，这些永远不会安然闭上的不怀好意的眼睛，似乎正在狡猾地眨动着，还在用谁也无法听懂的语言描绘着水底下的秘密。哦，只有三峡船夫懂得这些语言！我知道，在三峡中行船，除了勇敢，除了沉着，最关键的，还是对航道和水流的熟悉。据说，在三峡驾驭小划子的船夫，对水底的每一块礁石，每一片浅滩，都是了如指掌。为了摸清水底的状况，为了在极其复杂的急流中寻到一条能被小木船通过的安全之路，一定有不计其数的船夫付出了生命的代价！

西陵峡有一块巨大的礁石，兀立在滚滚急流中，奔泻的潮水整天凶狠地拍打着它，飞溅起漫天雪浪，小船如果撞上去，非粉身碎骨不可。这礁石有一个奇怪的名字："对我来"。当浪花散开，人们就会看到"对我来"三个大字，惊心触目地刻在这块礁石上，这礁石周围的水流险恶而奇特，小船从它身旁经过时，倘若想绕开它，结果总是适得其反，船儿会不可阻挡地向礁石一头撞去，撞得船碎人亡。如果顺急流迎面向礁石冲去，不要躲避它，不要害怕它，船到礁石前，却能顺利地拐个弯从旁边擦去。不过，这千钧一发的险象，懦夫是绝对不敢经历的，只有三峡船夫们，才敢驾着轻舟勇敢地向扑面而来的浪中礁石冲去。“对我来”这三个字，一定是无数船夫用生命换来的经验。也许，可以这样说，小木船在三峡急流中那些曲折而又惊险的航道，是船夫们用智慧，用勇气，用尸骨一米米开拓出来的！

对三峡船夫来说，最为可怕的，大概莫过于暴风雨和洪峰了。突然袭来的暴风雨，能把江面搅得天翻地覆，在被暴风雨鞭打着的惊涛骇浪之中，小舟子是很难掌握自己的命运的，如果来不及靠岸躲避，便有可能在暴风雨中葬身江底。假如遇上洪峰，那几乎是无法逃脱的，几丈高的洪峰，像一堵巍巍高墙从上游呼啸着压下来，没有任何东西能够抗拒它、阻挡它，它是船夫们的冷酷无情的死神。然而，奇迹并不是没有发生过，曾经有一些技术高超、勇气过人的船夫，在洪峰扑近的刹那间，驾着小舟瞅准浪的缝隙飞上高高的洪峰之巅，硬是从死神的头顶越了过去……当然，这些都是旧话了，随着科学技术的发展，天气预报和水情预报越来越准确，三峡船夫们再不会去冒这种风险了。

船近神女峰时，所有人都仰头看那位在云里雾里默默地站了千年万年的神女，然而山顶上云飞雾绕，什么也看不清。正在遗憾的时候，突然有人对着前方的江面大叫起来！

“看！小船！女的！”

神女峰下，一只两头尖尖的小划子正在急流中过江，划船的是一位身穿粉红色衬衫的少女，只见她右手划桨，左手掌舵，不慌不忙地向对岸划着，那悠然而又优美的姿态，使所有目击者都惊呆了——这也是三峡船夫么？这也是在险恶的峡江中拼命搏斗的勇士么？然而怀疑是可笑的，小划子在神女峰对面的一片石滩上靠岸了，划船的少女站在一块白色的石岩上，有力地向我们的轮船挥了挥手……

挥一挥手，挥一挥手，向勇敢的三峡船夫挥一挥手吧，但愿他们能在我的挥手之中感受到我的钦佩和敬意。是的，我从心底里深深地向三峡的船夫们致敬，他们，不仅征服了狂放不羁的长江三峡，而且把人类和大自然那种惊心动魄的搏斗，化成了优美的诗篇。他们是真正的诗人。

黑眸子

在临近九寨沟的山路上，我们的汽车被一群山羊挡住了。放羊的是一个七八岁的藏族小姑娘，她站在公路中间，不慌不忙地挥动着鞭子，把羊群赶到了路边，然后双手叉在腰间，看着我们的汽车慢慢从她身边开过去。这小姑娘穿一身黑红相间的衣裳，一根长长的辫子盘在头上。和她的目光相遇时，我不禁一愣。她的眼睛并不大，然而却又黑又亮，目光也不像是七八岁的孩子。从那一对黑眸子里流露出来的，不是好奇，也不是惊惧，不是欢悦，也不是忧愁，是一种我说不清楚的情绪。她默默地盯着我，黑黝黝的眼睛很清澈，很深，也很平静，却一点不呆滞。车从她身边经过时，我回头向她挥一下手，她抿嘴一笑，目光一转，黑眸子在一瞬间闪射出活泼的光芒。

羊群和小姑娘消失后，我的眼前老是闪动着那双黑而亮的眼睛。一个七八岁的孩子，怎么会有这样的目光？

傍晚，在一个藏寨附近，看到一个摆在路边卖小工艺品的地摊。地摊上的藏族工艺品很吸引人，有用各种形状的骨珠串成的项链，有镶着绿松石和

玛瑙的手镯、戒指，有造型别致的藏刀，也有用金属或者木头雕成的转经轮……我只顾看着地上的工艺品，竟没有注意地摊的主人是何等模样。等抬头问价时，才发现地摊前坐着一个二十来岁的藏族小伙子，他安安静静地注视着我，绝无一般小贩的那种急切和殷勤，似乎并不在乎我买与不买。我从他的地摊上挑选了一大堆工艺品，他只是微微一笑，接过我的钱，一点也没有因为做成了一笔不错的生意而激动。他的眼睛也特别黑，那种平静的目光使我感到熟悉。是的，他使我想起了那个放羊的小姑娘，想起了她那对黑而明亮的眼睛。

晚上，一群游客在一片坡地上开篝火晚会，几十个人围着一堆烈火，又唱又闹。城里人置身在这样幽深旷达的自然中，都忍不住放浪形骸，一吐久居都市的抑郁。一个藏族汉子站在火堆边烤一只羊。烤羊被固定在一只可以转动的铁架子上，火舌舔着烤羊，滋滋地直冒油珠子。藏族汉子一边转动铁架子，一边用一把小刀在烤羊身上划拉，并且不停地往上抹作料。游客们要玩“击鼓传花”的游戏，一时找不到花，那藏族汉子便从腰带上解下一把镶着宝石的刀鞘扔给游客。鼓声中，刀鞘在游客们手中传来传去，鼓声停下来时，接到刀鞘的那一位便要站起来唱歌。有人爽快，在火光里猛吼一通。也有人扭捏作态，人群起哄了半天还不肯唱，于是出现了难堪的冷场。这时，有人喊：“嗨，请藏族同胞给大家唱一个吧！”这一来，站在火堆边的藏族汉子突然就成了大家注目的中心。只见他依然不慌不忙地烤着羊，面对火光的脸上，露出一丝淡淡的微笑。闹哄哄的人群安静下来，只听见四周风吹树林的哗哗声，还有远处瀑布和山涧奔泻的流水声。没想到，那藏族汉子真的唱起来，他似乎是随口哼着，声音也不洪亮，然而在场的人都听见了他的歌声。这是一首藏族歌谣，旋律有些凄凉，歌词我一句也听不懂，只有不断重复的“格桑罗”这三个字，听起来有点耳熟。他唱得那么自然，那么投入，好像并不是在唱歌，而是在应和山林的天籁，歌声仿佛就是这深沉博大的天籁的一部分。刚才疯狂了一阵的人们此刻都安安静静地坐在地上，凝视着唱歌的藏族汉子，谛听着他的歌声。他的歌唱完了，人们还是静静地坐着，直到有人带头喊了一声好，大家才鼓起掌来。在喝彩和掌声中，藏族汉子抬起头来，还是淡淡的一笑，然后埋头继续烤他的羊。在他抬头的一瞬间，他的目光和我相遇，这目光，又是似曾相识，亮而黑的瞳仁，清澈而平静的眼神……

在九寨沟后来又见到不少藏民，不知怎么的，我总觉得他们的黑眼睛很像，他们的目光也很像。面对这样的目光，你也会平静下来，就像面对着一片澄澈而幽深的湖水。在九寨沟，有很多这样的湖。我想，也许是这些藏民从生下来开始，便置身在宁静如画的山水中，他们的视野里，从来没有污浊，从来没有喧嚣，有的是世界上最纯净的水，最青翠的山，还有深蓝的静海一般的天空，所以才会有这样明亮的黑眸子，有这样清澈的目光。直到离开九寨沟很久了，我还常常想起他们的眼睛。我甚至可以想象他们的视野中每时每刻都可能出现的景象：绿色水晶似的湖水，湖面上倒映着蓝天白云，湖底下躺着已经变成化石的千年古树，晶莹的小鱼在古树枝丫间穿梭……起伏柔软的绿草地，几匹白马安闲地甩动着尾巴在那里吃草。草地尽头是幽深浓密的树林，树林在阳光里闪烁着斑斓七彩，云雾在山坡和林梢飘漾……还有瀑布、山涧、流泉，生命之水在辽阔的天地间自由自在地飞舞奔泻……

目光浑浊的人啊，你难道不向往这样的境界……

阅读提示

发现美的眼睛

卞之琳曾有一首很著名的诗歌《断章》——

你站在桥上看风景，
看风景的人在楼上看你。
明月装饰了你的窗子，
你装饰了别人的梦。

我们往往于旅行途中流连风景，但到头来总会发现，人才是最无所不在的风景。这一组散文告诉我们最美的风景都是“人”。

贝江上的风景是划竹筏的少妇，背负着襁褓中的婴儿，勇敢沉着地与急流搏斗，三峡的风景是船夫。如果说贝江上的少妇体现的是母性与沉静之美，那么三峡船夫体现的则是雄壮与阳刚之力。作者描写船工操桨，有如对峙千军万马般惊心动魄。刻在礁石上的“对我来”三个字，恰似船夫们雄浑的写照，有着“一夫当关，万夫莫开”的豪情。九寨沟的风景是那些有着明亮黑眼睛的藏民们，美丽的牧羊女，沉稳的小摊主，他们的目光清澈、沉静，没有污浊，没有喧嚣。

可以说，在行走的过程中，作者无一例外地将视线投向了人，作者如同发现未知的胜地一般发现他们身上的动人与美好，并用文字细腻地一一记录，犹如相机的取景框。诚如罗丹那句著名的格言：世界上并不缺少美，只是缺少发现美的眼睛。

第10堂课

山水之间

10

Lesson 10

周庄水韵

一支弯曲的木橹，在水面上一来一回悠然搅动，倒映在水中的石桥、楼屋、树影，还有天上的云彩和飞鸟，都被这不慌不忙的木橹搅碎，碎成斑斓的光点，迷离闪烁，犹如在风中漾动的一匹长长的彩绸，没有人能描绘它朦胧炫目的花纹……

有什么事情比在周庄的小河里泛舟更富有诗意呢？小小的木船，在窄窄的河道中缓缓滑行，拱形的桥孔一个接一个从头顶掠过。贞丰桥、富安桥、双桥……古老的石桥，一座有一座的形状，一座有一座的风格，过一座桥，便换了一道风景。站在桥上的行人低头看河里的船，坐在船上的乘客抬头看桥上的人，相看两不厌，双方的眼帘中都是动人的景象。

周庄的河道呈“井”字形，街道和楼宅被河分隔。然而河上有桥，石桥巧妙地将古镇连缀为一体。据说，当年的大户人家，能将船划进家门，大宅后院，还有泊船的池塘。这样的景象，大概只有在威尼斯才能见到。一个外乡人，来到周庄，印象最深的莫过于这里的水，以及一切和水连在一起的景物。

我曾经三次到周庄，都是在春天，每一次都坐船游镇，然而每一次留下的印象都不一样。第一次到周庄，正是仲春，那一天下着小雨，古镇被飘动的雨雾笼罩着，石桥和屋脊都隐约出没在飘忽的雨雾中，那天打着伞坐船游览，看到的是一幅画在宣纸上的水墨画。第二次到周庄是初春，刚刚下过一夜小雪，积雪还没有来得及将古镇覆盖，阳光已经穿破云层抚摸大地。在耀眼的阳光下，古镇上到处可以看到斑斑积雪，在路边，在屋脊，在树梢，在河边的石阶上，一摊摊积雪反射着阳光，一片晶莹斑斓，令人目眩。古老的砖石和清新的白雪参差交织，黑白分明，像是一幅色彩对比强烈的版画。在阳光下，积雪正在融化，到处可以听见滴水和流水的声音，小街的屋檐下在滴水，石拱桥的栏杆和桥洞在淌水，小河的石河沿上，往下流淌的雪水仿佛正从石缝中渗出来。细细谛听，水声重重叠叠，如诉如泣，仿佛神秘幽远的江南丝竹，裹着万般柔情，从地下袅袅回旋上升。这样的声音，用人类的乐器永远也无法模仿。

最近一次去周庄也是春天，然而是在晚上。那是一个温暖的春夜，周庄正举办旅游节，古镇把这天当成一个盛大节日。古老的楼房和曲折的小街缀满了闪烁的彩灯，灯光倒映在河中，使小河变成一条色彩斑斓的光带。坐船夜游，感觉是进入梦境。船娘是一位三十岁的农妇，以娴熟的动作，轻松地摇着橹，小船在平静的河面慢慢滑行，我们的身后，船的轨迹和橹的划痕留在水面上，变成一片漾动的光斑，水中倒影变得模糊朦胧，难以捉摸。小船经过一座拱桥时，前方传来一阵音乐，水面也突然变得晶莹剔透，仿佛是有晃荡的荧光从水下射出。

船摇过桥洞，才发现从旁边交叉的水道中划过来一条张灯结彩的花船，

船舱里，有几个当地农民在摆弄丝弦。还没有等我来得及细看，那花船已经转了个弯，消失在后面的桥洞里，只留下丝竹管弦声，在被木船搅得起伏不平的河面上飘绕不绝……我们的小船划到了古镇的尽头，灯光暗淡了，小河也恢复了它本来的面目，平静的水面上闪烁着点点星光。从河里抬头看，只见屋脊参差，深蓝色的天幕上勾勒出它们曲折多变的黑色剪影。突然，一串串晶莹的光点从黑黝黝的屋脊上飞起来，像一群冲天而起的萤火虫，在黑暗中划出一道道暗红的光线。随着一声声清脆的爆炸声，小小的光点变成满天盛开的缤纷礼花，天空和大地都被这满天焰火照得一片通明。已经隐匿在夜色中的古镇，在七彩的焰火照耀下面目一新，瞬息万变，原本墨一般漆黑的屋脊，此时如同被彩霞拂照的群山，凝重的墨线变成了活泼流动的彩光。

最奇妙的，当然是我身畔的河水，天上的辉煌和璀璨，全都落到了水里，平静幽深的河水，顿时变成了一条摇曳生辉、七彩斑斓的光带。随焰火忽明忽暗的河畔楼屋倒映在水里，像从河底泛起的一张张仰望天空的脸，我来不及看清楚他们的表情，他们便在水中消失，当新的一轮焰火在空中盛开时，他们又从遥远的水下泛起，只是又换了另一种表情。这时，从古镇的四面八方传来惊喜的欢呼，天上的美景稍纵即逝，地上的惊喜却在蔓延……

我很难忘记这个奇妙的夜晚，这是一个梦幻一般的夜晚，周庄在宁静的夜色中变得像神奇的童话，古镇幽远的历史和缤纷的现实，都荡漾在被竹篙和木橹搅动的水波之中。

雨中五泄

到五泄的时候，天上正下着小雨。群山被雨雾笼罩，远看白茫茫一片。五泄是瀑布的名字，它的名气很大，很多人不知道诸暨，却听说过五泄。在中国的瀑布中，五泄这样的名字独一无二，让人闻之难忘。很多次听人说五泄，也读过不少写五泄的文章，但走近它还是头一次。

远远地就听见了水声，隐隐约约，时续时断，仿佛春雷在天边滚动，那是五泄的呼唤，使人徒生一种神秘感。经过五泄禅寺的黄色院墙，山道一个转弯，瀑布赫然出现在视野中。那是一道耀眼的白光，优雅地颤动在山谷中。一步步走近它，那优雅的白光逐渐变得激烈粗放，水声也一步步在扩大，由飘忽的沉吟扩大成激昂的呐喊。这瀑布的落差虽不能以“千百丈”形容，却也称得上雄浑阔大，水势如一条巨龙突然从山中窜出，一头撞落在深潭中，激起一片又一片雪浪。浪花飞溅到面对瀑布的崖壁上，又化成雪白的烟雾，在瀑布上空飘漾弥漫。如果是天晴，这水雾中必定会出现七彩虹桥。眼前的景象，不由令我想起明代散文家袁宏道在《观第五泄记》中的描绘：“瀑行

青壁间，撼山掉谷，喷雪直下，怒石横激如虹……”

这壮观的一幕，其实只是五泄的一部分。所谓“五泄”，便是瀑布的五次喷涌，此刻展现在我眼前的，是第五泄，而另外四泄，则深藏在云山雾中，不登高临远，便不能睹其全貌。因为下雨路滑，上山道口已被封锁。诸暨的朋友说通了看山人为我放行。我们沿着紧贴瀑布的石阶，穿过逼人的雪浪水雾，在震耳欲聋的水声中向上攀行数十米，当第五泄的喧哗落到脚下时，只听得一阵更为激越的声音从山谷中迸射出来，这是第四泄的呼啸。抬头看去，只见一股急流从狭窄的崖壁中喷涌而出，在山坳稍作回旋，又折道向下冲去，形成第五泄。这第四泄，似乎不如第五泄那样浩荡恣肆，但它从石缝中喷射出来的刹那间，却勇猛而激越，震撼人心，仿佛凝聚了天地间所有的力量和激情，冲出石壁一泄无余。

我还想上山探访另外三泄，然而雨越下越大，只能带着遗憾原路折回去。诸暨的朋友告诉我，上面那三泄，又是另外几番景象，一泄位于山顶，平缓清秀，二泄垂挂于悬崖飘洒如珠帘，三泄蜿蜒曲折姿态多变。这无法谋面的三泄，我只能在梦中想象它们了。下山道上，只觉得身体和灵魂都被水汽和水声包围，在那一派惊天动地的轰鸣中，人渺小得成了飞瀑中的一滴水珠，一缕轻烟。我想，天地间的有些奥秘，用人间的常理有时难以解释。譬如这五泄，为什么流水长年不竭，那永不衰竭的激情之源究竟来自何处？也许，让地质学家们来解释，答案简单明了，没有任何神秘和诗意隐藏其中，然而对游人来说，这些谜不如在天地间保存着，让每个登临者都用自己的想象来猜测它们，答

案永远会是新鲜神奇的。

我游历过很多名山大川，也到过国内大多数著名的瀑布，如贵州的黄果树，九寨沟的诺日朗，雁荡山的大龙湫，广西的德天瀑布，庐山的三叠泉，黄山的人字瀑。和这些瀑布相比，五泄的个性独特鲜明。天下的瀑布，大多一目了然，一眼就能将它们的全部身段尽收眼底。而五泄却是曲折回旋，一波五叠，站在山下，永远也看不清那五段瀑布是如何在山崖间喧腾跌落，必须循着水声溯流而上，逐段地看个明白。

离开五泄时，雨停了。回望群山，依然云缠雾绕，青翠的峰峦间升腾起一缕缕乳白色的岚气，犹如天上正伸出有许多无形的手，绵绵不绝，从山坳里牵出一缕缕乳白色的轻纱。这大概是五泄的呼吸在天地间飘荡吧。

阅读提示

跟文化相伴的旅行

有一篇关于美国阿波罗登月计划的报道《一小步，重返初始之地》，其中写到登月宇航员比恩重返地球之后，常闲坐在购物广场，饶有兴致地欣赏着人类精彩纷呈的生活。比恩再也没有像以前那样抱怨过天气，他说："至少我们地球上有天气变化，我就很开心啦。"可见，我们对未知世界的探索，揭示更多的并不是目的地，而是探索者的始发之乡。几乎每一位阿波罗探月宇航员回来后都深深地感受到地球的纤美。第六位登月宇航员米切尔说："当我们以这种更为宏大的角度审视自己时——就把它叫作外星人视角或造物主视角吧——我们的感知就不一样了，我们也开始以不同的方式去思考。"阿波罗16号的宇航员杜克心目中的地球便是"太空中悬挂着的一枚宝石"。阿波罗12号的宇航员戈登也说："人们总是问我们登月发现什么了，其实我们所发现的就是地球。"

这些宇航员的话，在无意中讲出了旅行的真谛。旅行，从外在上是走向远方，但从内在上看，它其实是一个回归的过程。人们寻寻觅觅，千回百转，最后永远关注的是始发之乡。你走了这么多地方，看了这么多风景，通过山水自然、风俗人文，你会知道自己的人生缺憾是什么，你未来的方向是什么。所以你走得越远，其实向自己回归得越近。

在这一组散文中，我们跟随作者看周庄的水，观五泄的瀑布。不同于旅游的走马观花，这是真正意义上的旅行，是走心的。古人说："读万卷书，行万里路。"一段跟文化相伴的旅行，才会给人生留下最深刻、美好的回忆。

第11堂课

人与自然

11

Lesson 11

夜过秦岭

山连着山，山连着山。近山翠绿，远山青灰，缥缈的山脊随心所欲在天上描绘着跌宕起伏的曲线。从颠簸的吉普车中望出去，这世界仿佛就是由绵延不绝的山峰构成的。

坐车翻过陇南的群山，进入陕西的地界，总算看见了一片平地。然而前面还是山。遥远的地平线上，又涌起灰蒙蒙的一列山脉。司机告诉我：前面就是秦岭。

停车休息时，我站在公路边，久久遥望秦岭。地平线上那一脉青沉沉的大山，如同一群巨兽，蹲伏在天地的尽头，显得雄奇而又神秘。想到即将驱车翻越秦岭，不禁心神飘荡。这时，太阳正在西沉，远山的轮廓渐渐和暮色融合为一体。过会儿爬上秦岭时，只怕已是夜晚了。在一片黑暗中，能看见些什么呢？

天地尽头的巨兽越来越大，黑压压地迎面而来。在昏暗的天光中，依稀还能看到路边的绝壁和深渊。轰鸣的水声从深渊中飘起来溢出来，在峡谷中发出低沉悠长的回响，仿佛是从地底下传出千军万马悲壮绝望的呐喊。这地下大军奔走于黑暗之中，不知何处是他们的生路……

流水声渐渐远去，天很快黑下来。从山缝中仰望夜天，看不见星月。起初还能隐隐约约辨别出路边的岩石和树林，终于什么也看不见了，浓重的夜色淹没了一切。只有车灯的光芒，如同两把弱剑劈开黑暗，映照出车前的路面和路边有限的空间。和那无穷无尽的黑暗相比，这车灯实在太微不足道，只是瀚海中的两滴水珠，只是长夜中的两颗孤星。巍巍秦岭是何种面目，看不见，看不见绿树，看不见青草，看不见路边野花，看不见远处起伏的群山，看不见近处陡峭的绝壁，也看不见使人心寒的深渊危谷。夜幕封锁了一切，封锁了秦岭美妙的天籁，也封锁了秦岭的凶险。在这无边无际的黑暗之中，仿佛只剩下我们这一辆小车在摸索着爬行……

黑暗中，时间也似乎在悄悄延长。汽车爬山的喘息声显得沉重而缓慢。我凝望着窗外浓墨一般的夜色，突然生出一些奇怪的联想。我想，这世界上，光明是各色各样的，在灿烂的天光或者灯光下，可以展现自然和人世的形形色色，绝少重复或雷同。而黑暗，却总是以相似的面孔出现，在混浊中，所有一切都消失了原来的轮廓和颜色，溶化在浊重的墨色里。黑暗可以把黑白美丑、忠奸善恶混淆为一体。譬如这秦岭，是雄奇是秀丽？是苍翠是荒凉？在黑暗中已无法知晓。可以把它想象成人间仙境，也可以把它想象成阴森的地狱。这种想象可以维持到黑暗结束。浪漫的人类喜欢说“黑暗不会长久，光明总要来临”。不错，光明取代黑暗，这是永恒的规律，尽管这两者时常在互相交替。然而神志清醒的人还是会在黑暗中发出无可奈何的哀叹，尤其

是当这黑暗并非来自大自然时。我想起古时候被暴君幽囚于地牢中的人们，他们是如何苦挨过那些暗无天日的岁月的？他们短促的生命在那最后的黑暗的时刻将是何等漫长……两天以后，我将去参观秦始皇的陵墓，在那个尚未开掘的地下宫殿中，就有无数在黑暗中挣扎着死去的陪葬者，这些秦岭的儿女……

我正在漫无边际地遐想着，漆黑的夜空中突然闪出一个极亮的光点。这光点在黑暗中移动，开始时看不清它是飞在天上还是飘在山坡，等这光点成为一束强烈的光柱照亮山谷时，我方才明白：这是从隧道中钻出来的火车！没容我辨清火车的形状，灯光又突然消失在黑暗中——火车钻进了另一段隧道。于是我明白了，此刻，这山间公路正和穿越秦岭的宝成铁路平行。只是我们的公路是顺着山势蜿蜒盘旋，曲折行进的，而铁路则穿过峰峦，飞越深谷，在崇山峻岭中时隐时现，画出一条惊心动魄的直线。宝成铁路的险峻，我以前只是在书本和旅人的描述中有所听闻，想不到此刻会在黑暗中领略它的神奇和诡谲。我仿佛听见，从黑暗深处，从大山的腹中，隐隐传来火车的轰鸣。

和傍晚初上秦岭时听到的流水声相比，这声音似乎更远更幽，然而它却更激昂更震撼人心。在群山中修筑这样一条铁路，是何等的壮举！这穿透岩石和黑暗的机车轰鸣，是人类征服自然的欢呼……

火车消失后，世界复又黑暗如初，荒凉感却也随之而去了。在这静悄悄的夜间，有许多人正坐在火车上穿山越岭，和我一样经过秦岭……

不知在黑暗中盘旋了多久。其间又看到了从隧道中钻出来的火车，这是一列客车，像一条透明的长龙，闪烁着柔和的白光从黑暗中游过，如同童话中的景象……

在公路下坡的一个拐弯处，车灯的光束中突然出现两个晃动的人影，等车开近时才看清楚，原来是一对年轻的恋人，正互相依偎着在路边散步。这荒山野岭中，哪来这样的情侣？车开过去不远，才发现路边有一个村庄，黑黝黝的树影里跳动着星星点点的灯火……这黑暗中转瞬即逝的一幕，又使我浮想联翩。秦岭人的生活，大概和山外没有多大区别，是夜幕为这里的一切罩上了神秘的面纱。人，还是这黑暗世界的主宰！

巍巍秦岭终于被甩在了身后。回头看去，只看到黑不见底的一片，巨兽一般的山影早已被浓浓的夜色融化。而前方的地平线上，城市的灯光如同一把巨大的折扇，正把千万道淡红色的光芒辐射向深邃的夜空。

火焰山和葡萄沟

山是红色的，是火的颜色。仿佛刚刚有一场大火烧过，山上的草草木木被烧得荡然无存，只剩下光秃秃的沙土和岩石。大火余温尚在，起伏的群山依然在喷吐着热气，远远望去，真像是一朵一朵晃动的火苗……

这就是吐鲁番盆地中的火焰山！吴承恩在《西游记》中描绘的火焰山，就是它们。想到《西游记》，这山就更加使人觉得神秘莫测了。你看，那不算太高的峭壁上，密密麻麻地布满了黑黢黢的大大小小的洞窟，洞的形状千奇百怪，像无数神秘的眼睛，不怀好意地窥视着这个火烧火燎的世界。然而你不用担心，这些奇形怪状的洞中，绝不可能钻出牛魔王之类的鬼怪——它们是风的杰作。这里常常狂风大作，风真不愧为一位雕刻大师，竟在峭壁上镂出这些奇洞来。

这里，看不到一点生命的色彩。在大火的余烬中，怎么可能有生命存在呢！真的，你找吧，在这光秃秃的山上，不要说绿树青草，即便是指甲大一片暗绿色的地衣，你也无法找到。只有红褐色的沙土，只有烫人的石头，只有无法躲避无法驱赶的火辣辣的太阳光。你想想，深蓝色的天幕下，沉默着一片火红的山峦和荒野，那景象是何等的奇异。你会想起火星，想起月亮，想起那些没有生命的星球。唐僧当年西行取经路过这里，究竟是怎么过去的呢？当他经历了九死一生，穿越过茫茫无边的大沙漠和大戈壁，步履艰难地走进吐鲁番盆地，还没有来得及抖落满身风尘，还没有来得及驱除饥渴和疲乏，又突然迎面撞见这样一脉可怖的荒山，他将会何等地沮丧，他怎么走过去的呢？当然没有神通广大的孙悟空为他开路，也没有法力无边的铁扇公主，借他一把神奇的芭蕉扇，只要轻轻一扇，就把这里扇成了清凉世界……

远远眺望着火焰山，我这个风尘仆仆的江南客不禁深深地感慨起来。也许在江南待得太久了，看惯了绿的颜色——绿的山，绿的水，绿的田野……仿佛这世界就应该由水灵灵的绿色组成。想不到，在同一块土地上，竟也会有如此惊人的荒芜和贫瘠。大自然的面目，并非总是温情脉脉，总是充满了生机盎然的微笑，它也有严酷无情的一面——这火焰山便是明证。这里，恐怕很难有什么生命能够怡然生存。

火焰山并不是我的目的地，我要去葡萄沟。据说这是一条十多里长的绿色长廊，是中国最大的葡萄园。因为有了葡萄沟，干燥炎热的吐鲁番才改变了它的形象。然而很难把火焰山和葡萄沟联想到一起，这条绿色长廊，一定是在远离火焰山的地方。小吉普车在一无遮掩的柏油公路上飞驰。路面被太阳晒得软化了，乌黑的沥青反射出耀眼的光亮，并且冒着青烟。年轻的司机却不慌不忙握着方向盘，一脸轻松的微笑。“到葡萄沟了。”他突然回过头，打断了我的遐想。

一片浓浓的绿色，奇迹般地在前方冒出来。我的眼睛一亮，心里却蓦然一惊：这葡萄沟，竟然紧挨着火焰山！

汽车很快就穿行于绿荫之中了。两行高大挺拔的钻天杨，整齐地排列在公路边，路的两侧，就是葡萄园了。沿路的葡萄架下，一些维吾尔族老人席地而坐，在那里悠闲地喝茶、吸烟、聊天。孩子们欢叫着在路边游戏，见到有车来，便笑着向路上挥手，我想，倘若车停下来，他们准会无拘无束地一拥而上的。茂密的葡萄园中，衣着鲜艳的维吾尔族少女正在摘葡萄，红的、蓝的、黄的、白的、雪青的，五彩斑斓的头巾和布拉吉在翠绿的葡萄藤叶中闪动，使人想起在微风中摇曳的花儿，想起在绿荫中翩跹的彩蝶。葡萄园边那些高高的土墩上，有不少用泥砖垒起的玲珑剔透、四面通风的屋子，这是用来晾葡萄干的晾房。有人在葡萄园中唱歌，那是一个清亮的男高音，歌声热烈而奔放。我虽然听不懂歌词，但歌声所表达的情绪我是完全能体会的，那是一种昂扬的欢乐，是一种无法抑制的自豪……

在寸草不生、热浪蒸腾的火焰山下，居然真有一个美好的清凉世界！当

我置身在果实累累的葡萄架下，呼吸着湿润清凉的空气，品尝着甜蜜芬芳的葡萄，顿时浑身轻松，说不出的舒爽，仿佛一条被人抛到岸上的鱼儿又回到了水中。这里是一个绿的世界。茂密的葡萄藤叶组成了绿的墙，绿的顶；在葡萄架下流动的微风、从藤叶缝隙中钻进来的斑斑点点的阳光，仿佛都是绿的。更令人惊奇的还是葡萄，那么多的葡萄，我还是头一次看到，就像无数绿色的翡翠和紫色的玛瑙，密密麻麻地挤在藤叶之间，只要伸出手，便能沉甸甸地摘下一大串。这里的葡萄品种多，有马奶子、沙巴珍珠、新疆红、玫瑰香，以及许多我无法记下的名字。这十几里地的葡萄沟，也许是世界上最甜蜜的一条山沟了！

我们在葡萄架下席地而坐。一位名叫库尔班江的维吾尔族小伙子，端来一大盘葡萄，他把葡萄放在我们面前，笑着说："吃吧，这是无核白葡萄，最好的新品种。"这葡萄呈透明的淡绿色，颗儿不大，然而一串就有一斤多，放在盘子里，就像一大捧亮晶晶的绿珍珠，使人不忍心往嘴里送。我试着吃了几颗，果然极甜，没有一点儿酸味，而且无核，一咬，就是一口凉滋滋的蜜。库尔班江见我们吃得香甜，脸上流露出几分得意的神色。他在我们身边坐下来，一边热情地劝我们吃，一边兴致勃勃地谈了起来："这葡萄，装进箱子，运到乌鲁木齐，运到北京、上海，运到日本……全世界都喜欢吃我们吐鲁番的葡萄呢！"库尔班江告诉我，吐鲁番人种葡萄，已经有悠久的历史，早在一千多年前，这里就有了葡萄架，葡萄，是吐鲁番人的命根子。别看夏季火焰山下酷暑难熬，太阳底下能晒熟鸡蛋，到冬天，这里也冷得出奇，温度常常低到零下几十度。所以在入冬之前，人们必须把葡萄藤全部埋到泥土下，直到第二年天气转暖，才将土中的藤挖出，再搁到葡萄架上。人们的希望，将随着这满谷满沟的葡萄藤发芽、长叶、开花、结果。吐鲁番人的幸福、欢乐、爱情，几乎都和葡萄连在一起……

说着说着，库尔班江唱了起来，这是一首热情而又优美的歌。坐在一旁的司机轻轻地把歌词译了出来：

天上的星星落到了吐鲁番，
海里的珍珠飞到了吐鲁番，
葡萄熟了，
葡萄熟了，
你看风中飘着芬芳，
你听歌里流着蜜糖，
……

在库尔班江的歌声里，我突然又想起了唐僧，看来，刚才我是白白地为他担忧了。在火焰山下，不会渴了他，也不会饿了他，这里的人们一定会热情地款待他的。我甚至能够想象，在这里，他是如何脱下风尘仆仆的红色袈裟，如何在葡萄的绿荫下舒展疲乏的肢体，美美地嚼着香甜的葡萄，那蜜滋滋的汁水，滋润着他的干裂的嘴唇……在葡萄的主人们的帮助下，他是不愁翻不过火焰山的！据说，在离葡萄沟不远的地方，还留着唐僧当年拴马的桩呢。

我走到葡萄园的尽头，挡住去路的，是一堵黄褐色的绝壁。哦，这就是火焰山了，沿着峭壁上去，便能看到世界上最荒凉的情景！然而山脚下却是铺天盖地的绿色，是水灵灵的生命的颜色。火焰山和葡萄沟，似乎是两个决然对立的形象，一个是荒芜，是严酷，是绝无生命气息的秃山；一个是富庶，是葱翠，是生机勃勃的花果之乡。是谁，把这两者不可思议地安排在一起的呢？是大自然的鬼斧神工？是冥冥之中的万物主宰？当然不是！从库尔班江自豪的笑容里，从葡萄园中四处飘来的歌声里，从峭壁下那条淙淙奔流的清泉中，我能找到答案——是人，是吐鲁番人，在严酷的自然环境中创造了奇迹。是他们，从遥远的雪山上引来了清凉的生命之水，在寸草不生的荒山之下，开拓出一片美丽的绿洲，在烈日炎炎的旱暑之中，收获着最甜蜜的果实。我突然觉得，即使不用翻译，我也能听懂他们的歌了，歌声中那种昂扬的欢乐和难以抑制的自豪，在我心中产生了强烈的共鸣……

是的，生命是不可战胜的。顽强的、善于创造的生命能够改变一切。只有人类，才是大自然的主宰。这些，也许就是火焰山和葡萄沟给我的启示。

阅读提示

向往自然的心

曾听一个作家说，现在年纪大了，对旅游已兴趣缺缺，但如果有好山好水，还是会心向往之。人对于自然的向往，大概深植于基因之中，即便有一天对人为的一切感到厌倦，而天性中对自然的亲近之心与好奇之欲，大概永不会磨灭。

人对于自然的感应，也时时印证着人的内心。自然本无所谓悲喜，人在其中却感应到种种悲喜，一时一景，会生发别样的体悟，如同禅宗那段有名的公案：不是风动，不是旗动，而是心在动。作者在黑夜中翻越秦岭，感受必然与白天迥异。“黑暗中，时间也似乎在悄悄延长……譬如这秦岭，是雄奇是秀丽？是苍翠是荒凉？在黑暗中已无法知晓。可以把它想象成人间仙境，也可以把它想象成阴森的地狱。这种想象可以维持到黑暗结束。”

自然对于人的另一重意义，是人总是怀有征服的欲望，想要战胜自然、改造自然。“库尔班江告诉我，吐鲁番人种葡萄，已经有悠久的历史，早在一千多年前，这里就有了葡萄架，葡萄，是吐鲁番人的命根子。别看夏季火焰山下酷暑难熬，太阳底下能晒熟鸡蛋，到冬天，这里也冷得出奇，温度常常低到零下几十度。所以在入冬之前，人们必须把葡萄藤全部埋到泥土下，直到第二年天气转暖，才将土中的藤挖出，再搁到葡萄架上。”（《火焰山和葡萄沟》）作者由此得到启示：“顽强的、善于创造的生命能够改变一切。只有人类，才是大自然的主宰。”人类是否真能主宰自然？这是一场持久到看不见终点的拉锯战，但在自然的严酷之中，人的一点哪怕小小的努力，也总是显得坚忍而可贵。

第12堂课

人生过客

12

Lesson 12

炊 烟

在人迹罕至的深山密林里，假如看见一缕炊烟……

在饥肠辘辘的旅途中，假如看见一缕炊烟……

也许不会有什么比它更亲切了。那是一种动人的招手，是一种充满魅力的微笑，是一个似曾相识的陌生人，友好地向你挥动着一方柔情的白手绢……

掸落飘在肩头的枯叶，擦了擦额头的汗珠，我终于看见了在远方山坳里的炊烟，它优美地飘动着，无声无息地向我透露着一个质朴的希望。心中的惶乱被它轻轻地抚平了——在深山里走了大半天，饥饿、疲乏、山重水复的怅惘，曾经使我的脚微微地颤抖，步伐也失去了沉稳的节奏……

我急匆匆地走向山坳，走向炊烟。我想象着炊烟下可能出现的情景：大蘑菇似的小木屋，屋里，许是一个白胡子的看林老人，许是一个山泉般水灵的小姑娘，都带着一些童话的色彩……

果然看见两间小木屋了，只是普普通通，不像大蘑菇。木屋里走出一个胖胖的中年妇女，黑红的脸颊上，洋溢着只有山里人才有的那种健康的光彩。

“客人来啦，快进屋里歇吧！”没等我开口，她就笑声朗朗地叫起来。一个矮小的男人应声走出来，这自然是她的丈夫了，他只是微笑着点头，似乎有些腼腆。

“能不能……麻烦买一点吃的？”早已过了吃午饭的时间，我不好意思地问。

“那还要问，坐下，先喝碗茶！”她把我按在一把竹椅上，转身从灶台的铁锅里舀给我一碗热气腾腾的开水，又悄声叮嘱了丈夫几句，那男人一声不吭地走出门去了。

灶台有点脏，她也许怕我看了不好受，找来一块抹布仔细擦了一擦。“山里人邋遢，将就一下啦！”她一边笑着，一边又从水缸里舀水洗那口空着的铁锅，一连洗了三遍。

不一会儿，那男人拎着满满一篮红薯和芋头回来了，并且已经在山溪中洗得干干净净。她把红薯和芋头倒进锅里，坐到灶背后烧起火来，他不知又到哪里去了。

小木屋里静下来，只有门外的哗啦哗啦的林涛和灶膛里哔剥哔剥的柴火，一起一落地在耳畔响着，协奏出一首奇妙的曲子。我喝着茶，打量着小木屋里的一切：简朴而结实的桌、椅、橱；门背后各种各样的农具；一架亮晶晶的半导体收音机，挂在一张毛茸茸的兽皮边上……这山里的农户，真有点世外桃源的味儿了。

红薯和芋头馋人的香味在小木屋里飘溢起来。“吃吧，爱吃多少就吃多少，只是别嫌粗糙啦。”她把一大盆冒着热气的红薯、芋头放到我面前。

哦，红薯和芋头，竟是那么香，那么甜，不仅抚慰了我的饥肠，也驱除了我的疲乏。这是我一生中最美的午餐之一！

她坐在一边，快活地笑着看我狼吞虎咽，手中，不停地打着一件鲜红的毛衣，毛衣不大，像是孩子穿的。

“你有几个孩子？”

“有两个女儿，到山外读书去了，一个上小学，一个念中学，都寄宿在学校里。我想让她们将来都上大学呢！现在山里人富了，什么也不愁，就指望孩子们有出息。”她笑着回答，语气是颇为自豪的。这小木屋里，也有着和山外世界同样的憧憬和向往……

吃饱了，歇够了，该继续赶路了。我掏出一些钱给她。

“钱？”她又笑了，“这儿不是商店，快放回你的口袋里吧。如果不忘记山里的人，以后再来！”我的脸红了，也不知是为了什么，也许是为了这城里人的习惯……

起身走时，我发现背包变得沉甸甸的，打开一看，竟塞满了黄澄澄的橘子！是他，原来刚才去了橘林。“都是自家种的，带着路上解解渴。”他在一边

腼腆地笑着，声音很轻，却诚恳。

我走了。她和他并肩站在门口，不停地向我挥手。

“再来呵！”他们的声音在山坳里回荡……

走远了，小木屋消失在绿色的林涛之中，只有那一缕炊烟，依然优美地在天上飘……再来，也许永远没有机会了，然而我再也不会忘记武夷山中的这一缕炊烟。炊烟下，并没有什么惊心夺魄的传奇故事，却有真诚，有纯朴，有人间最香甜的美餐……

远去的歌声

记忆是一个奇妙的仓库，你经历过的情景，只要用心记住了，它们便会永远留存下来，本领再高的盗贼也无法将它们窃走。记忆中这些美好的库藏，可能是一个动人的故事，一张温和的笑脸，一幅优美的画，一个刻骨铭心的美妙的瞬间，也可能是一种曾经拨动你心弦的声音。

是的，我想起了一些奇妙的声音。这些声音早已离我远去，但我却无法忘记它们，有时，它们还会飘漾在我的梦中，使我恍惚又回到了童年时代。

常常是在一些晴朗的下午，阳光透过窗玻璃的反照，在天花板上浮动。这时，窗外传来了一阵悠扬的女声："修牙刷——坏格牙刷修……"这样枯燥乏味的几句话，竟然被唱出了婉转迷离的旋律，这旋律，悠扬，高亢，跌宕起伏，带着一种幽远的亲切和温润，也蕴涵着些许忧伤和凄美，在曲折的弄堂里飘旋回荡，一声声扣动着我的心。这时，我正被大人强迫躺在床上睡午觉，窗外传来的声音，仿佛是映照在天花板上的阳光的一部分，或者说是阳光演奏出的声音和旋律，在我童年的记忆中，午后的阳光，就有着这样的旋律。我的想象力很自然地被这美妙的声音煽动起来，我追随着这声音，走出弄堂，走出城市，走向田野，走到海边，走进树林，走到山上，走入云端……奇怪的是，在我的联想中，就是没有和牙刷和修牙刷的行当连在一起的东西，只是一阵从一个遥远而陌生的地方传来的美妙音乐。我唯恐这音乐很快消失，便用心捕捉着它们，捕捉它们的每一个音符，每一次回旋，每一声拖腔。当这声音如游丝一般在天边消失，我也不知不觉被它带入了云光斑斓的梦境。

这声音和浮动的阳光一起，留在了我的心里，就像一支饱蘸着淡彩的毛笔，轻轻地抹过一张雪白的宣纸，在这白纸上，便出现了永远不会消除的彩晕。因为这些歌声，修牙刷这样乏味的活计，在我的想象中竟也有了抑扬顿挫的诗意。我常常想，能唱出如此奇妙动听的歌声的人，必定是一些很美丽的女人。我不止一次想象她们的形象：柳树一样的身姿，桃花一样的面容，清泉一样的目光，她们彩云一样播撒着仙乐飘飘而来，又彩云一样飘然而去……因为这些歌声，我从来没有把这声音想成吆喝或者叫卖，它们确实是歌，或者说是如歌的呼唤。然而见到她们后，我吃了一惊，她们和我想象中的仙女完全是两回事。

有一次我在弄堂里玩，突然听到了“修牙刷……”的呼喊，这声音美妙一如以往，悠然从弄堂口飘进来。我赶紧回头看，只见一个矮而胖的姑娘，穿一身打补丁的大襟花布棉袄，背一个木箱，脚步蹒跚地向我走来。她的容貌也不耐看，小眼睛，凹鼻梁，厚嘴唇，被太阳晒得又红又黑的脸色显得茁壮健康。那带给我很多美丽幻想的仙乐，就是由这样一个丑陋的苏北乡下姑娘喊出来的！

我后来又看到过几个修牙刷的姑娘，她们除了修牙刷，常常还兼修雨伞。她们的形象，和我第一次见到的那位差不多。我不止一次观察过她们修理牙刷的过程，那是一种细巧的工作，用锥子在牙刷柄上刺出小洞，然后再穿入牙刷毛。她们的手很粗糙，然而非常灵活……

有意思的是，这些长得不好看的村姑，并没有破坏我对她们的歌声的美好印象。记忆的宣纸上，依然是那团诗意盎然的彩晕。当我在午后的阳光中听到她们的呼喊时，依然会遐想联翩，走进我憧憬的乐园。

那声音，早已远去，现在再也不会有人要修牙刷。我很奇怪，为什么我会一直清晰地记得它们。当我用文字来描绘这些声音时，它们仿佛正萦绕在我的耳畔。有时候，睡在床上，在将醒未醒之际，这样的声音仿佛会从遥远的地方飘来，使时光倒流数十年，把我一下子拽回到遥远的童年时代。

在童年的记忆中，这样的声音并不单一。那时，在街头巷尾到处有动听的呼喊，除了修牙刷修伞的，还有修沙发的，箍桶的，配钥匙的，修棕绷藤绷的，所有的手艺人，都会用如歌的旋律发出他们独特的呼喊。还有那些飘漾在暮色中的叫卖声，卖芝麻糊的，卖赤豆粥的，卖小馄饨和宁波汤团的，卖炒白果和五香豆的，一个个唱得委婉百啭，带着一种甜美的辛酸，轻轻叩动着人心……

这样的旧日都市风景，已经一去不返。现在时常出现在新村和里弄的叫卖声，粗浊而生硬，只有推销的急切，毫无人生的感慨，更无艺术的优雅。使我聊以自慰的是，现代人欣赏音乐，有了更多现代的途径。不用天天到音乐厅去，只要套上耳机，转动一张CD，便能沉浸在音乐的辽阔海洋中。然而，有什么声音能替代当年那些亲切温润的歌唱呢？

海 量

透明清冽的白酒，刚打开瓶塞，空气里已经弥漫着浓烈馥郁的香气。那些有着魔力的液体，在小小的杯里微微晃动，发出诱人的光彩。酒杯叮叮地碰过几下以后，饮者的嘴唇才小心翼翼地和酒杯接触。说是喝酒，其实只是几滴几滴慢慢地啜，酒似乎不是喝进肚里，而是化作又热烈又清凉、又芬芳又苦涩的气体，在叮叮的碰杯声中悄悄流遍了全身。倘若有哪位豪迈之士，仰脖一口喝干杯中之物，便会赢得满桌的喝彩声：

“海量！海量！……”

这种场面，经历得不少了。亲戚朋友聚到一起，少不了要喝一杯，每张酒桌上，也总会有一两个“海量”的角色，于是便平添许多热闹气氛。不过，真正的“海量”，也实在难得遇到，能喝上八两烧酒的，似乎已了不起，而且还常常以酩酊大醉作为代价。每遇到这种场面，每听到人们喊出“海量”这个词儿，我的眼前便会出现一个人来，一个我所遇见的最能喝酒的人。

这是我从前的一个邻居，一个瘦瘦高高的老人，严肃的脸上一对极大的眼睛炯炯有光，浓密的胡须终年覆盖着嘴唇和下巴。这形象使我联想起古时的侠客武士。然而他却是一个不折不扣的知识分子，一个研制耐火材料的工程师，有许多创造发明，在国内同行中是权威人物。那时我还小，见到他有些惧怕，惧怕的原因不仅仅因为他的形象，还因为他那种很神秘的沉默。他常常一个人坐着喝闷酒，紧锁着的眉峰中凝聚着无穷的幽怨。他喝酒有些怪，菜并不讲究，一碟花生，几根萝卜干，几条煎鱼已经很不错。而酒却总是上好的大曲，每次总是一瓶，用大碗斟，斟两次，酒瓶就露了底。一瓶酒喝下肚，脸不变色，情绪却有了一些变化，脸上有了笑容，口中还会半生不熟地哼几句京戏道白。

时间长了我才知道，他是个极和善的人，而且特别喜欢孩子。我们成了好朋友。他喝酒的时候，我爱坐在一边看着，一边问他许多问题。有我在，他便不再喝闷酒。他那些关于喝酒的故事是令人难忘的。

“你喝一斤烧酒就像没事儿一样。你难道喝不醉？”我问他。

他笑了笑，说：“还没有喝醉过。小时候在乡下看见大人们用小酒盅喝烧酒，我想，男子汉，这样小里小气扭扭捏捏做啥。有一次，我一口气喝了三大碗烧酒，把村里人都吓蒙了。可我没啥感觉，像喝开水差不多。这年我刚刚十四岁。这以后，我在家乡就出了名。许多号称‘海量’的喝酒好手都来找我，要和我较量较量，说起来好笑，那些五大三粗的汉子们，一个个都是气势汹汹地来，烂醉如泥地去，而我总是脸还来不及红呢。”

“那么，你最多能喝多少酒呢？”

“我自己也不清楚。最多一次喝过四斤烧酒。那是十七八岁的时候，有一次，一个外乡女财主带着一帮男女找上门来，要和我喝酒。那女人酒量确实不小，两斤烧酒喝下去，面皮颜色一点不变，只是不停地说话。三斤酒喝下去，她面孔发白了，话也少了，两只眼睛却红起来。那女人哪里肯服输，嘴巴还硬邦邦的：‘早着呐，才喝了三分呢！’再喝下半斤，她吃不住了。那女财主是被人抬着回去的，临走，算是讲了老实话：‘好小伙子，真海量，这一辈子，我还是头一次服输。’”

他的那些带着传奇色彩的经历深深地吸引了我，于是我总是刨根究底地问：“这么说，你这一辈子还没有遇见过对手？”

他手中的酒碗停在了半空中，沉吟了半晌才答道：“见过一条好汉，只是没能坐下来和他对酌。那是在二十几年前，我路过扬州，在一家临近轮船码头的小酒馆里喝酒。隔壁桌上坐着一个中年汉子，看样子是码头上的搬运工，他喝酒的架势吓了我一跳：三斤土烧，两个馒头，一小碟酱黄豆，不到半个时辰，统统倒进了肚皮。吃完后抹抹嘴巴立起来就走。喝酒这样喝法，我也是头一次看见，我连忙追出去对他说：‘像你这样的海量，我还没有见过，佩服佩服！假使你同意，我想明天请你喝两盅，我请客。’于是我和他约定第二天黄昏在码头酒馆碰头。这是唯一的一次碰着对手，想不到第二天他失约了，我白白等了一黄昏。”

然而我看他喝酒，没有一次超过一斤的，他说：“每天喝三斤烧酒，条件不许可喽！百八十块工资，喝酒也不够！”后来我才知道，他是个不幸的人。一九四九年后，他是一家大厂的总工程师，“反右”时因为替几位朋友鸣不平，被投进了监狱，一关就是七年。七年中，他滴酒未沾，出狱后也从来没有像年轻时那样狂饮过，只是在紧张工作之余，独酌几碗。偶尔与朋友对酌，也不会过量。不过就是这样，他一辈子喝下的烧酒大概能汇成个小池塘了，然而竟从没醉过一次，那也是奇迹。

十多年前他患胃癌逝世了，死时境况很凄凉。临终前，有一次还和我谈起酒，他说：“你记牢，酒不是好东西，我生这个病，一定和喝酒有关系。年轻时被人捧几声‘海量’，得意得要命，于是拼命喝，我自己也不明白为啥喝不醉。唉，这大概也是报应吧。”

李太白诗云：“古来圣贤皆寂寞，唯有饮者留其名。”诗是这么写，然而因为能喝酒而百年留名的人毕竟不多。我那位老邻居，前些年平反昭雪了，还补开了追悼会。追悼会上，许多我不认识的人出来讲了他不少好话，如讲他在科学上的贡献，讲他拼命工作的精神，讲他刚正不阿的为人……而我，却在这一片赞扬声里想起了他喝酒的样子，想起了他讲给我听的那些关于酒的故事……

阅读提示

人生行旅中的缘分

有一集《樱桃小丸子》里，鬼马精灵的小丸子叹着气学着大人的口吻说："人生就是一场孤独的旅行……"但所幸，在这旅程中，总会在不同的地方遇到形形色色的人和事，他们与我们发生交集，短暂地，或者长久地参与到我们的旅程中，给我们留下美好而又难忘的记忆。如果给这样的交集一个命名，大概就叫作"缘分"吧。

在这一组散文中，作者为我们呈现了他人生中遇到的几位过客。《炊烟》中，他遇到了淳朴的友善，山间的乡民不善言辞，却恪守真诚的待客之道。《远去的歌声》里，悠扬美妙的叫卖声让人忽略了小贩的外貌，那些叫卖声传递出劳作的快乐与自豪，比单纯的音乐更多了复杂的人的气息，让人生发种种联想。《海量》中的邻居工程师，他的"酒瘾"也是单纯的。因为这份"酒瘾"，严肃而权威的形象被打破，变得亲和可爱起来。明末的散文家张岱在《陶庵梦忆》中写过一句话："人无癖不可与交，以其无深情也；人无疵不可与交，以其无真气也。""癖"也好，"疵"也好，是一个人弱点的体现，也往往是一个人真性情的流露，这才是一个人的本来面目，人也因此而有了活气而显得可爱。工程师嗜酒而又死于酒，他说的那些关于酒的故事，好似弄口茶馆老人们无甚微言大义的闲话，没什么意义，但这恰恰是生活的意义本身。

开卷有益

第13堂课

13

Lesson 13

旷野的微光

图书馆宽敞的阅览大厅里，数不清的日光灯一起亮着。银白色透明的灯光，柔和地洒满了这个宁静安谧的世界，只有读者轻轻的翻书声：沙沙、沙沙……不知怎的，我的眼前竟出现了一盏油灯，它微弱、幽暗，却是那么坚韧，那么美丽地闪烁、闪烁……

这是一盏最简陋、最不起眼的小油灯：一只圆形的墨水瓶，一根棉纱灯芯，便是它的全部结构；它曾经有过一个方形的玻璃灯罩，不知在什么时候被打碎了，再也没有配起来。哦，我怎么能忘记它的光芒呢！在农村插队的岁月里，它的黄色的颤动的光芒，曾亲切地抚摸我，陪伴我度过了许多雨雾弥漫的夜晚……

血红色的夕阳垂落在天边，我，拖着长长的影子在田埂上蹀躞。这是我刚到崇明岛的时候，天天在田野里干活，一天下来，浑身仿佛散了架。回到我的小草屋里，一个人木然颓坐，筋酸骨痛，心灰意懒，只有那盏小油灯忽闪忽闪地跳跃着，像一只在黑暗里闪闪发光的眼睛，用一种怜悯的目光凝视我。

在那昏黄幽弱的火光里，我看着自己扭曲了的影子在墙上晃来晃去，不由顾影自怜，觉得自己就像一根茕茕孑立的野草，迷茫地面对着萧瑟的旷野……

对了，在油灯下看一点书吧。然而，这是一个精神世界异常贫瘠的时代，那些千篇一律的文字，比我的粗硬的蒸玉米饭更难以下咽，我实在没有勇气啃它们。于是，对着那盏幽暗的小油灯，我又茫然了。油灯闪烁着，还是像一只眼睛，只是它的目光之中仿佛有嘲讽之色。它在嘲笑我的空虚和彷徨……在那闪烁的灯光里，我坐不住了：难道就这样让自己的思想和灵魂在黑暗中麻木、腐朽？不！我不愿意！我想起了过去曾经读过的那些美好的书，我怀念它们，我要找到它们！油灯尽管微弱，也可以为我照明，在浓重的黑暗中，有这样一点烛火就足够了！

美好的东西毕竟是禁灭不了的。远方的朋友为我带来了一些劫后余生的好书，当地一些念过书的老人，竟也为我找来一些难得的古书。最令我兴奋的是，在一所乡间中学里，我发现了一大堆被废弃的旧书！从此，在那盏小油灯下，有了无数个令人沉醉的夜晚。我把灯芯挑得长长的，灯火，哔剥哔剥跳动着，成了一只兴奋的眼睛，它和我一起读书，一起分享着那份快乐。在它的微光里，我尽情地驰骋自己的情感和想象，我的目光透过那些破旧的书页，飞出我的草屋，看得无比遥远。世界，真大啊……

小油灯闪烁着。在那幽暗的微光里，我仿佛看见了李白，我看见他正驾着一片雪白的帆，在烟波浩渺的扬子江上留下豪放的歌声……我仿佛看见了苏东坡，他仰对一轮皓月，呼喊着天上的神仙，思念着地上的朋友……我还看见泰戈尔，他把我引进一个神秘而又美妙的世界，那里的星星、月亮、海

洋、森林，都流溢着奇异的光彩，使我流连忘返……我也看见了普希金，他坐着一辆雪橇，在苍茫灰暗的雪地上划出一行发光的诗句：心儿呵，永远憧憬着未来！……还有雪莱，我常常能听到他热情而又庄严的声音：冬天来了，春天还会远吗？

小油灯闪烁着。在那幽暗的微光里，我仿佛跟着雨果来到19世纪的法国，目睹了那一幕幕浸透着血泪的人间惨剧……我仿佛跟着狄更斯渡过英吉利海峡，见到许多机智可爱的小人物……我看见罗曼·罗兰笔下那个愤世嫉俗的约翰·克利斯朵夫，正坐在一架古老的钢琴前，弹奏一支深沉优美的奏鸣曲；杰克·伦敦笔下的那个马丁·伊登，在一片惊涛骇浪之中，咬紧了牙关搏斗着……我为贾宝玉和林黛玉的悲剧叹息，为牛虻和保尔的韧性激动；我和林道静探讨着人生的出路，向车尔尼雪夫斯基请教着美学问题……

哦，我的小油灯，这闪烁在旷野里的微光，是它把我带回到那被阻隔了的广阔多彩的世界。是它为我照明，让我看见了许多人类智慧和文化的结晶，看见了许多璀璨瑰丽的美好事物。我像一股柔弱细小的山溪，在那奇妙的微光之中，缓缓地流出闭塞的峡谷，汇集起许多晶莹的泉水和露珠，逐渐丰满起来，充实起来……

我的生活和情绪发生了变化。在田野里干那些繁重的农活，流着汗，淋着雨，顶着寒风，确实很辛苦，然而一想起那盏小油灯，想起它的温暖柔和的光芒，我的心头便会感到一阵欢悦 ，觉得自己寂寥的生活有了一些慰藉，有了一种寄托。可是，我也经常有一种莫名的担心，担心这一点弱小的豆火会突然被黑暗吞噬。有时，屋外风雨交加，窗户门板被打得噼啪作响，风从门缝里钻进来，把一无遮掩的灯火吹得左右摇晃，然而它还是亮着，把黄澄澄的光芒投到我的书页上。有一次，它也确乎经历了一场危险。说来也可笑，邻宅的一只肥头肥脑的大黑猫，竟觊觎起我的小油灯来。一天晚上，它窜进我的小屋，跳上桌子，对着那盏油灯观察了好一会儿，竟愚蠢地用鼻子去嗅火苗，结果一声惨叫，夹着尾巴逃走了。油灯被撞得翻倒在地下，油泼了大半，火苗却没有熄灭。第二天，我看见那只黑猫鼻子乌黑，烧断了好几根胡须，它远远地瞅着我的小油灯，依然丧魂落魄的样子。我的小油灯终于没有熄灭。

哦，在黑暗之中，那一星一点的火光是多么珍贵！我不会忘记那盏幽弱的小油灯，不会忘记那闪烁在旷野里的微光。

做一个读书人的幸福

因为我的不少文章被收在中学的语文课本中，便常有和语文有关的杂志约我写文章，谈谈关于读书的问题。谈读书时，我很自然地想起我那篇被选入课本的散文《旷野的微光》。

《旷野的微光》写于1980年10月，当时我还是华东师大中文系的学生，坐在文史楼的大教室里写了这篇散文，写的是在崇明岛“插队落户”时的往事，是在孤独和闭塞中追寻理想和知识的情景。在偏僻乡野的一盏小油灯下，读书使我走出了困顿和颓丧，使艰辛的日子变得乐趣无穷。没有想到这篇文章日后会成为中学生的课文。我想，现在的青少年，读我写于二十多年前的这篇文章，可能会感到陌生，因为那确实是早已远去的上一个时代的生活。那时，读书非常艰难，找到一本好书，会像过节一样快乐。我想，如果没有当年这种追求和坚持，我一定不会有今天。读书可以丰富扩展一个人精神世界，也可以改变人生。

现在我们所处的时代，是一个可以自由阅读的时代。像我当年那样千方百计觅书，偷偷摸摸读书的情景，恐怕不会再发生。现在的青少年，不愁没书读，愁的是没有时间读，愁的是书太多不知道读什么书好。我曾经担心，现在的中学生，课外阅读的范围越来越狭窄，能用于课外阅读的时间也越来越少，很多人已经丧失了阅读文学名著的兴趣和欲望，而其他与课程和考试无关的书，他们更是难有机会涉猎。这是一个令人担忧，也多少使人感到悲哀的现象。十多年前，我接待过英国女作家莱辛，她的一句话曾给我留下深刻印象，也使我共鸣。她说，在英国，有高学历的“野蛮人”越来越多。这些“野蛮人”，懂得最先进的科技知识，能操纵最复杂的机器，却缺乏情感，缺乏情趣，缺乏宽容博爱的精神。造成他们“野蛮”的原因，是因为他们不读文学作品。这样的话出自一位文学家之口，也许有人会认为失之偏颇，但她确实是指出了一个在现代社会具有普遍性的现象。我想，中国的年轻一代学子，决无理由成为这样的“野蛮人”。令我欣慰的是，这几年中，我很多次参与青少年的读书活动，发现青少年中还是有很多人喜欢读书，阅读的范围很广，数量也不小。在当评委读他们的读书笔记时，我也常常被他们活跃的思想和灵动的文笔打动。我相信，读书的时代，永远也不会结束，因为，对一个有文化的现代知识分子来说，任何知识都不会是多余的，而吸取知识的最重要的途径，便是读书，读那些有价值的好书，读那些能给人知识，给人启迪的书。读书能使人了解世界的浩瀚辽阔、人心的幽深博大，也能使人更热爱生命、热爱生活，激发起追寻真理、实现理想的欲望和激情。一本好书，可能是一个聪慧坚韧的人，用他所有的智慧和毕生的心血追求的成果和结晶，作为一个读者，我们用几个小时或者几天时间，就能了解这一切，这样的好事情，何乐而不为？

如果将读书的范围仅限于课堂教育规定的范畴，或者只是课本知识的有限补充，那实在太狭隘。必须明白这一点，我们的课外阅读，大多可能和学校的考试没有直接的关系，但是这样的阅读，对于少年人身心的成长，却是无比的重要。一个不喜欢读书的人，他的精神世界不可能丰富多彩，他的知识积累也不可能渊博厚实。我们说“知识的海洋”，其实也可以说是“书籍的海洋”，每个读书人都应该到这片大海中去远航，去浏览海中无穷无尽的迷人风光。

光有读书的欲望，恐怕还不行，还有一个怎样读书的问题。作为一个读者，我们不应该是一个简单的接受者，也应该是一个思想者，是一个参与者。读书的过程，是欣赏和接受的过程，也是思考和感悟的过程。如果能经常用自己的语言记录读书的感想，那将是一件极有意义的事情。当然，读书的过程，也可能是排斥的过程，因为，并不是所有的书都是有价值的，也不是所有的书都是有趣的。古人说“尽信书则不如无书”，很有道理。一个真正的读书人，应该通过自己的思考判定一本书是否值得读。

前些年，我出过一本读书随笔集，书名是《读书是永远的》，我为这本随笔集写过一篇短序，谈的是对读书的看法，附录在此，作为本文的结束吧：

人识了字，最大的实惠和快乐就是读书。书开阔了我的眼界，愉悦了我的身心，陶冶了我的性情，丰富了我的知识，升华了我的精神。不管什么时候，不管在什么地方，不管是什么心情，只要手头有可读的好书，一卷在握，便能沉浸其中，宠辱皆忘。很多年前，我一个人在偏僻的乡村“插队落户”，是书驱散了我的孤独，使我在灰暗的岁月中心存对未来的希望，保持着对理想的憧憬。在一盏飘摇不定的油灯下，书引我远离封闭和黑暗，向我展现辽阔和光明。因为有了书，那段物质生活极其匮乏的日子变得很充实。我选择读书作为我的生活方式，选择书作为我的人生伴侣，实在是一件明智而幸运的事情。我想，在人类的各种各样的享受中，别的享受都有尽头，读书却是长久的。只要还活着，还能用眼用脑，便能继续读书，继续享用这永不会失去美味的精神佳肴。当然，把读书看作一种享受，须有一个前提，那就是你读的必须是有价值有趣味的好书。前不久，有一家报纸的读书副刊约我写一段谈读书的话，我写了如下文字：“在黑夜里，书是烛火；在孤独中，书是朋友；在喧嚣中，书使人沉静；在困慵时，书给人激情。读书使平淡的生活波涛起伏，读书也使灰暗的人生荧光四溢。有好书做伴，即便在狭小的空间，也能上天入地，振翅远翔，遨游古今。漫长曲折的历史和浩瀚无尽的宇宙，都能融会于心，化作滋养灵魂的清泉。”我想，这些话，应该是我肺腑之言。

阅读提示　回望古典时代的亲切

最近的一个新闻报道说，这个时代已经被定义为“碎片阅读”和“浅阅读”的时代。但有意思的是，“阅读”这件事，从来都不曾离开过现代人的生活。现在许多孩子在婴儿时就会有自己的专有书架，放满了绘本，网上书店童书的销量永远居高不下。学生时代，“80后”们都有过上课偷偷看课外书的经历，我就曾经在语文课上偷看“闲书”被老师当场发现，但他只是笑着按一按我的肩，并未制止——我至今很感谢他对我这个不称职的“语文课代表”的纵容。如今我也是地铁里的“低头族”，而长途旅行则是最好的阅读时间。在密闭的机舱里，可以心无旁骛，没有网络打扰，手机也不能开，除了打瞌睡似乎也没有更多的消遣，此时此刻，我最愿意选择沉浸于一本书里，当然，载体可能不同，也许手里举着的是一部薄薄的电子阅读器。但不管怎么样，长途飞行中的阅读，无疑是最美妙的体验。我忽略了机舱里干燥的空气，索然无味的饭菜味道，乃至间或的气流颠簸。阅读让人平静。这样的时候，尤其适合读一些需要考验耐心与专注度的文字，所有在日常会干扰你的元素，机舱都自动替你屏蔽了。

回过头看这两篇写于多年前的散文，有一种回望古典时代的亲切。那时的阅读载体都是纸本的，阅读的环境也有那么一点儿简陋，但人对于阅读的需索与热情，是一脉相承的。阅读给人提供了另一种生活情境，你置身于文字所营造的世界，任想象飞驰，体验别样的人生。所以当专家们哀叹于出版的衰落、阅读的碎片化，我并不认同这种悲观，甚至可以说，互联网的发展，为阅读提供了更多样的选择和更便利的载体，哪怕平时很少看书的人，也会热衷于阅读分享朋友圈里看到的有意思的文章，这是阅读的新方向，或者说，是“读书”的一种变奏。纸质的书有可能消失，但阅读永远不会消亡。

第14堂课

诗意地栖居

14

Lesson 14

光　阴

谁也无法描绘出他的面目。但世界上到处能听到他的脚步。

当枯黄的树叶在寒风中飘飘坠落时，当垂危的老人以留恋的目光扫视周围的天地时，他还是沉着而又默然地走，叹息也不能使他停步。

他从你的手指缝里流过去。

从你的脚底下滑过去。

从你的视野你的思想里飞过去……

他是一把神奇而又无情的雕刻刀，在天地之间创造着种种奇迹。他能把巨石分裂成尘土，把幼苗变成大树，把荒漠变成城市和园林。他也能使繁华之都衰败成荒凉的废墟，使闪亮的金属爬满绿锈，失去光泽。老人额头的皱纹是他镌刻出来的，少女脸上的红晕也是他描画出来的。生命的繁衍和世界的运动全都由他精心指挥着。

他按时撕下一张又一张日历，把将来变成现在，把现在变成过去，把过去变成越来越远的历史。

他慷慨。你不必乞求，属于你的，他总是如数奉献。

他公正。不管你权重如山，腰缠万贯，还是一介布衣，两袖清风，他都一视同仁。没有人能将他占为己有，哪怕你一掷千金，他也决不会因此而施舍一分一秒。

你珍重他，他便在你的身后长出绿荫，结出沉甸甸的果实。你漠视他，他就化成轻烟，消散得无影无踪。

有时，短暂的一瞬会成为永恒，这是因为他把脚印深深地留在了人们的心里。

有时，漫长的岁月会成为一瞬，这是因为风沙淹没了他的脚印。

诗 意

诗意是什么?

不同的人可能有不同的理解和回答。大概永远也不会有一个公式化的标准答案。不过我以为有一点是没有疑问的，诗意是一种美，是一种美的精神之光的闪烁，是自由的心灵在广阔世界飞翔撞击出的美丽火花。

只要生命存在，诗意就不会消失。

大自然给予人类的诗意是丰富而缤纷多姿的。如果你愿意去寻找去感受，每时每刻它都会出现在你的眼帘，荡漾在你的心胸。

烂漫春光里有诗意，萧瑟秋景中也能找到诗意。诗人可以为春日暖雨中蔓延的新绿写诗，也可以面对秋风中飘舞的金色落叶发出动情的咏叹。

夏日的炎阳照耀着一朵初绽的莲花是一首诗，初冬的冷雨敲打湖面衰败的残荷也是一首诗。

诗意的产生，常常是突然而又自然，你无法预知它的到来，而当它出现时，你总是深深为之陶醉。譬如在冰天雪地中行走时，蓦然见到一株粲然开放的梅花；譬如在乌云弥漫时，一缕耀眼的阳光突然穿过云层的缝隙照亮地面；譬如早晨从奇妙的梦中醒来，发现惊醒你的是窗外一只不知名的小鸟在唱歌……

我想，这样的例子，是永远也举不完的，因为不同的自然环境中会感受到不同的诗意。而我们所拥有的大自然是何等的辽阔多彩。

现代人，尤其是都市人，面对古诗中所描绘的大自然的机会似乎是越来越少。我们更多的是面对各种各样的钢筋水泥建筑，面对茫茫人海，面对着无数熟悉的或者陌生的人。

人群中当然也能找到诗，这种诗意往往比大自然的诗意更温馨更深沉，更使人为之心弦颤动。

有人说："世界上最美丽的风景，是人。"这种说法，本身就富有诗意，是对人世间美好景象的一种诗意的解释。

有些只是从人的外表中发现诗意，譬如少女的明眸和秀发，譬如在音乐中翩翩起舞的青春肢体……而真正韵味悠长，意境幽深的，是出自心灵的诗意。这样的诗意无需用语言解释，譬如母亲聆听新生婴儿少啼哭，譬如热恋中的情侣互相凝视的目光，有时甚至只是会心的莞尔一笑，只是一声含泪的叹息……

是的，在人群中寻觅诗意，其实是一种对真诚的渴望，渴望真诚的友情，渴望爱和被爱，渴望真诚的呼唤能得到真诚的回报。有时候，相识几十年的熟人会形同陌路，对方的灵魂永远被一堵无形的厚墙封锁着。有时候，陌生的心灵却会在一瞬间碰撞出美丽璀璨的火星。那一瞬间，可能是茫茫人海中一次邂逅。目光似乎是不经意地相遇，却毫无阻隔地看见了对方的心灵。也许从此便消失在人海中，永远再无相逢的机会，可是记忆中却点燃起一盏不灭的灯。只要你想起人海中那一缕清澈透明的目光，心中的这盏灯便会发出晶莹动人的光芒。

诗意是一种激情，这种激情的抒发常常如喷泉涌动、瀑布飞泻，它是人类良知和智慧情不自禁地流露。

因幸福和欢乐忘情歌哭是诗意，譬如亲人久别重逢时泪眼相向、抱头失声，譬如游子返乡时捧起故乡的泥土深情长吻……

面对同类的灾祸和危难，见义勇为、奋力相助，这也是诗意。曾经看过一部难忘的电影：一个幼儿失足跌落在深井中，无数素不相识的人从四面八方赶来，为挽救在黑暗的地下挣扎的幼小生命，齐心协力，不分日夜地拼搏，终于驱逐了死神。孩子被救出地面时，欢呼和泪水汇成一片激情的海洋……这样的故事和场面，在地球的每个角落都可能发生，谁说这不是诗意呢？

面对残忍和凶暴，发出愤怒的呼喊，目睹人间惨剧后，迸洒出悲戚的热泪，发出哀恸的长叹，也可以是诗意的绝响……

有时候，在孤独中同样能寻求到诗意。

陶渊明的“采菊东篱下，悠然见南山”，王摩诘的“独坐幽篁里，弹琴复长啸，深林人不知，明月来相照”，就是这样的意境。远离尘嚣，陶醉于大自然永恒的宁静，当然是诗意盎然，现代人几乎已无法体会这种独酌天籁、陶然忘机的快乐，而这种快乐是多么迷人。

现代的喧嚣常常使人心灵疲惫。寻求诗意的心灵却可以在喧嚣中进入一

种孤独的状态。这种孤独不是与世隔绝、超凡入圣，而是暂时忘却尘世的喧闹和烦恼，独自一人默默地遐想。诗人好比夜莺，坐在漆黑之中用优美的声音唱着自己的孤独。现代人生活空间的狭窄和闭塞，无法封锁心灵的翔舞，自由的思绪和幻想的翅膀可飞向任何你想抵达的目标。也许有人会哑然失笑：这不是白日做梦吗？不错，为什么不能做梦呢？美妙的梦不常常是美妙现实的序曲和雏形吗？

梦和现实当然不能同日而语，梦醒之后现实依旧，尘世的喧嚣依然会扑面而来。然而你在幻想中经历过的美妙片刻却再不会从心中消失。即便现实严酷，你却不至于忘记了理想的境界是何种模样，你会从头开始去寻找……

是的，没有梦的人生，才是真正长夜漫漫、暗无天日的人生。

诗意，是活泼的生命在生活中发现或者创造的一种情调。不管生活的节奏发生多么巨大的变化，酿成这种情调的土壤永远存在着。

当然，并不是所有的心灵都能感受诗意、撒播诗意。当你的心被浮躁或者冷漠笼罩，当你沉溺于泛滥的物欲，当你对生活和人生丧失了激情和爱，那么诗意便会离你而去，就像小鸟毫不迟疑地飞离凋零的枯枝。

一位西方的哲人曾这样说过：我愿把未来的名望寄托在一首抒情诗上，而不是十部巨著上。十部巨著可能会随着时光的流逝被人忘记得干干净净，一首优美而真挚的小诗却可能长久地拨动人们的心弦，只要人们的心中还存有诗意。

不一定非要用分行押韵的文字写诗，我们都可能成为诗人。当你面对辽阔的世界高扬灵魂的旗帜，当你无拘无束地让发自内心的欢笑、歌哭、呐喊和叹息在人海中激起回声，当你的心弦因真情的呼唤而颤动……

是的，假如你能够感受到生活中的诗意，你就永远不要悲哀，你可以和骄傲的先哲们一起，吟诵那首童话一般的诗：

诗人是世上唯一的君王，
他的节杖可伸及最遥远的地方，
当帝王在被遗忘的宝座边变成尘土，
诗人的感情却依旧被人们缅怀。
即便是在风沙弥漫的荒漠，
他的诗也会长成一排翠绿的白杨。

阅读提示

诗意的目光和心境

德国诗人荷尔德林有一首诗叫《在柔媚的湛蓝中》，其中有一句经哲学家海德格尔的哲学阐发，成为世人皆知的名句：“人，诗意地栖居在大地上。”据说荷尔德林是在贫困与病痛中写下这首诗的，而当时的时代背景则是工业革命席卷整个欧洲大陆。诗人似已预见到工业文明会使人的生活异化，在诗人的心目中，能够将人类从这种异化中拯救出来的，就是“诗意”。

诗意是一种审美的态度，是“我见青山多妩媚，料青山见我应如是”的情怀。同时诗意又不止于审美，而是一种与真和善相融合的至高的美。所以当作者以诗意的态度栖居于人世，以诗意的目光打量周遭的一切，光阴在他眼中是公允和神奇的。

而《诗意》可以说是一个总结：“诗意是一种美，是一种美的精神之光的闪烁，是自由的心灵在广阔世界飞翔撞击出的美丽火花。”用诗意的审美的心态去应对一切人生的遭遇和经历，读懂自然的真，人性的善，艺术的美。18世纪英国哲学家休谟曾说：“最能改善人的气质的莫过对各种诗歌美、绘画美、音乐美的研究，她使人产生一种怡人的忧郁感，这种情感最能与他人为善，与他人为友。”自然界，人群中，喜怒哀乐，皆有诗意，我们呼唤、寻找、享受诗意，以诗意的形式，诠释“诗意栖居”这四个字的真谛。

第15堂课

血浓于水

15

Lesson 15

母亲和书

又出了一本新书。第一本要送的，当然是我的母亲。在这个世界上，最关注我的，是她老人家。

母亲的职业是医生。年轻的时候，母亲是个美人，我们兄弟姐妹都没有她年轻时独有的那种美质。儿时，我最喜欢看母亲少女时代的老照片，她穿着旗袍，脸上含着文雅的微笑，就是二十世纪三四十年代上海滩那几个最有名的电影明星，也没有母亲美。母亲小时候上的是教会的学校，受过很严格的教育。她是一个受到病人称赞的好医生。看到她为病人开处方时随手写出的那些流利的拉丁文，我由衷地钦佩母亲。

在我童年的记忆里，母亲是个严肃的人，她似乎很少对孩子们做出亲昵的举动。而父亲则不一样，他整天微笑着，从来不发脾气，更不要说动手打孩子。因为母亲不苟言笑，有时候也要发火训人，我们都有点怕她。记得母亲打过我一次，那是在我七岁的时候。那天，我在楼下的邻居家里顽皮，打碎了一张清代红木方桌的大理石桌面，邻居上楼来告状，母亲生气了，当着邻居的面用巴掌在我的身上拍了几下，虽然声音很响，但一点也不痛。我从小就自尊心强，母亲打我，而且当着外人的面，我觉得很丢面子。尽管那几下打得不重，我却好几天不愿意和她说话，你可以说我骂我，为什么要打人？后来父亲悄悄地对告诉我一个秘密："你不要记恨你妈妈，那几下，她是打给楼下告状的人看的，她才不会真的打你呢！"我这才原谅了母亲。

我后来发现，母亲其实和父亲一样爱我，只是她比父亲含蓄。上学后，我成了一个书迷，天天捧着一本书，吃饭看，上厕所也看，晚上睡觉，常常躺在床上看到半夜。对读书这件事，父亲从来不干涉，我读书时，他有时还会走过来摸摸我的头。而母亲却常常限制我，对我正在读的书，她总是要拿去翻一下，觉得没有问题，才还给我。如果看到我吃饭读书，她一定会拿掉我面前的书。一天吃饭时，我老习惯难改，一边吃饭一边翻一本书。母亲放下碗筷，板着脸伸手抢过我的书，说："这样下去，以后不许你再看书了。"我问她为什么，她说："读书是一辈子的事情，你现在这样读法，会把自己的眼睛毁了，将来想读书也没法读。"她以一个医生的看法，对我读书的坏习惯作了分析，她说："如果你觉得眼睛坏了也无所谓，你就这样读下去吧，将来变成个瞎子，后悔来不及。"我觉得母亲是在小题大做，并不当一回事。

其实，母亲并不反对我读书，她真的是怕我读坏了眼睛。虽然嘴里唠叨，可她还是常常从单位里借书回来给我读。《水浒传》《说岳全传》《万花楼》《隋唐演义》《东周列国志》《格林童话》《钢铁是怎样炼成的》《牛虻》等书，就是她最早借来给我读的。

我过八岁生日时，母亲照惯例给我煮了两个鸡蛋，还买了一本书送给我，那是一本薄薄的小书《卓娅和舒拉的故事》。在五十年代，哪个孩子生日能得到母亲送的书呢？

中学毕业后，我经历了不少人生的坎坷，成了一个作家。在我从前的印象中，父亲最在乎我的创作。那时我刚刚开始发表作品，知道哪家报刊上有我的文章，父亲可以走遍全上海的邮局和书报摊买那一期报刊。我有新书出来，父亲总是会问我要。我在书店签名售书，父亲总要跑来看热闹，他把因儿子的成功而生出的喜悦和骄傲全都写在脸上。而母亲，却从来不在我面前议论文学，从来不夸耀我的成功。我甚至不知道母亲是否读我写的书。有一次，父亲在我面前对我的创作问长问短，母亲笑他说："看你这得意的样子，好像全世界只有你儿子一个人是作家。"

父亲去世后，母亲一下子变得很衰老。为了让母亲从悲伤沉郁的情绪中解脱出来，我们一家三口带着母亲出门旅行，还出国旅游了一次。和母亲在一起，谈话的话题很广，却从不涉及文学，从不谈我的书。我怕谈这话题会使母亲尴尬，她也许会无话可说。

去年，上海文艺出版社出版了我的一套自选集，四厚本，一百数十万字，字印得很小。我想，这样的书，母亲不会去读，便没有想到送给她。一次我去看母亲，她告诉我，前几天，她去书店了。我问她去干什么，母亲笑着说："我想买一套《赵丽宏自选集》。"我一愣，问道："你买这书干什么？"母亲回答："读啊。"看我不相信的脸色，母亲又淡淡地说："我读过你写的每一本书。"说着，她走到房间角落里，那里有一个被帘子遮着的暗道。母亲拉开帘子，里面是一个书橱。"你看，你写的书，一本也不少，都在这里。"我过去一看，

不禁吃了一惊，书橱里，我这二十年中出版的几十本书都在那里，按出版的年份整整齐齐地排列着，一本也不少，有几本，还精心包着书皮。其中的好几本书，我自己也找不到了。我想，这大概是全世界收藏我的著作最完整的地方。

看着母亲的书橱，我感到眼睛发热，好久说不出一句话。她收集我的每一本书，却从不向人炫耀，只是自己一个人读。其实，把我的书读得最仔细的，是母亲。母亲，你了解自己的儿子，而儿子却不懂得你！我感到羞愧。

母亲微笑着凝视我，目光里流露出无限的慈爱和关怀。母亲老了，脸上皱纹密布，年轻时的美貌已经遥远得找不到踪影。然而在我的眼里，母亲却比任何时候都美。世界上，还有什么比母爱更美丽更深沉呢？

挥　手

——怀念我的父亲

深夜，似睡似醒，耳畔得得有声，仿佛是一支手杖点地，由远而近……父亲，是你来了么？骤然醒来，万籁俱寂，什么声音也听不见。打开台灯，父亲在温暖的灯光中向我微笑。那是一张照片，是去年陪他去杭州时我为他拍的，他站在西湖边上，花影和湖光衬托着他平和的微笑。照片上的父亲，怎么也看不出是一个八十多岁的人。没有想到，这竟是我为他拍的最后一张照片！六月十五日，父亲突然去世。那天母亲来电话，说父亲气急，情况不好，让我快去。这时，正有一个不速之客坐在我的书房里，是从西安来约稿的一个编辑。我赶紧请他走，还是耽误了五六分钟。送走那不速之客后，我便拼命骑车去父亲家，平时需要骑半个小时的路程，只用了十几分钟，也不知这十几里路是怎么骑的。然而我还是晚到了一步。父亲在我回家前的十分钟停止了呼吸。一口痰，堵住了他的气管，他只是轻轻地说了两声："我透不过气来……"便昏迷过去，再也没有醒来。救护车在我之前赶到，医生对垂危的父亲进行了抢救，终于无功而返。我赶到父亲身边时，他平静地躺着，

没有痛苦的表情，脸上似乎略带着微笑，就像睡着了一样。他再也不会笑着向我伸出手来，再也不会向我倾诉他的病痛，再也不会关切地询问我的生活和创作，再也不会拄着拐杖跑到书店和邮局，去买我的书和发表有我文章的报纸和刊物，再也不会在电话中笑声朗朗地和孙子聊天……父亲！

因为父亲走得突然，子女们都没有能送他。父亲停止呼吸后，我是第一个赶回到他身边的。我把父亲的遗体抱回到他的床上，为他擦洗了身体，刮了胡子，换上了干净的衣裤。这样的事情，父亲生前我很少为他做，他生病时，都是母亲一个人照顾他。小时候，父亲常常带我到浴室里洗澡，他在热气蒸腾的浴池里为我洗脸擦背的情景我至今仍然记得，想不到，我有机会为父亲做这些事情时，他已经去了另外一个世界。父亲，你能感觉我的拥抱和抚摸么？

父亲是一个善良温和的人，在我的记忆中，他的脸上总是含着宽厚的微笑。从小到大，他从来没有骂过我一句，更没有打过一下，对其他孩子也是这样。也从来没有见到他和什么人吵过架。父亲生于1912年，是清王朝覆灭的第二年。祖父为他取名鸿才，希望他能够改变家庭的窘境，光耀祖宗。他的一生中，有过成功，更多的是失败。年轻的时候，他曾经是家乡的传奇人物：一个贫穷的佃户的儿子，靠着自己的奋斗，竟然开起了好几家兴旺的商店，买了几十间房子，成了很多人羡慕的成功者。家乡的老人，至今说起父亲依旧肃然起敬。年轻时他也曾冒过一点风险，抗日战争初期，在日本人的刺刀和枪口的封锁下，他摇着小船从外地把老百姓需要的货物运回家乡，既为父老乡亲做了好事，也因此发了一点小财。抗战结束后，为了使他的店铺里的职员们能逃避国民党军队“抓壮丁”，父亲放弃了家乡的店铺，力不从心地到上海开了一家小小的纺织厂。他本想学那些叱咤风云的民族资本家，也来个“实业救国”，想不到这就是他在事业上衰败的开始。在汪洋一般的大上海，父亲的小厂是微乎其微的小虾米，再加上他没有多少搞实业和管理工厂的经验，这小虾米顺理成章地就成了大鱼和螃蟹们的美餐。他的工厂从一开始就亏损，到后来，这工厂其实已经倒闭，但父亲要面子，不愿意承认失败的现实，靠借债勉强维持着企业。到公私合营的时候，他那点资产正好够得上当一个资本家。为了维持企业，他带头削减自己的工资，减到比一般的工人还低。他还把自己到上海后造的一幢楼房捐献给了公私合营后的工厂，致使我们全家失去了存身之处，不得不借宿在亲戚家里，过了好久才租到几间石库门里弄中的房间。于是，在以后的几十年里，他一直是一个名不符实的资本家，而这一顶帽子，也使我们全家消受了很长一段时间。在我的童年时代，家里一直是过着清贫节俭的生活。记得我小时候身上穿的总是用哥哥姐姐穿过的衣服改做的旧衣服，上学后，每次开学前付学费时，都要申请分期付款。对于

贫穷，父亲淡然而又坦然，他说：“穷不要紧，要紧的是做一个正派人，做一个对社会有贡献的人。”我们从未因贫穷而感到耻辱和窘困，这和父亲的态度有关。“文化大革命”中，父亲工厂里的“造反队”也到我们家里来抄家，可厂里的老工人知道我们的家底，除了看得见的家具摆设，家里不可能有什么值钱的东西。来抄家的人说：“有什么金银财宝，自己交出来就可以了。”记得父亲和母亲耳语了几句，母亲便打开五斗橱抽屉，从一个小盒子里拿出一根失去光泽的细细的金项链，交到了“造反队员”的手中。后来我才知道，这根项链，还是母亲当年的嫁妆。这是我们家里唯一的“金银财宝”……

“文化大革命”初期的一天夜晚，“造反队”闯到我们家带走了父亲。和我们告别时，父亲非常平静，毫无恐惧之色，他安慰我们说：“我没有做过亏心事，他们不能把我怎么样。你们不要为我担心。”当时，我感到父亲很坚强，不是一个懦夫。在“文化大革命”中，父亲作为“黑七类”，自然度日如年。但就在气氛最紧张的日子里，仍有厂里的老工人偷偷地跑来看父亲，还悄悄地塞钱接济我们家。这样的事情，在当时简直是天方夜谭。我由此了解了父亲的为人，也懂得了人与人之间未必是你死我活的阶级斗争关系。父亲一直说：“我最骄傲的事业，就是我的子女，个个都是好样的。”我想，我们兄弟姐妹都能在自己的岗位上有一些作为，和父亲的为人，和父亲对我们的影响有着很大关系。

记忆中，父亲的一双手老是在我的面前挥动……

我想起人生路上的三次远足，都是父亲去送我的。他站在路上，远远地向我挥动着手，伫立在路边的人影由大而小，一直到我看不见……

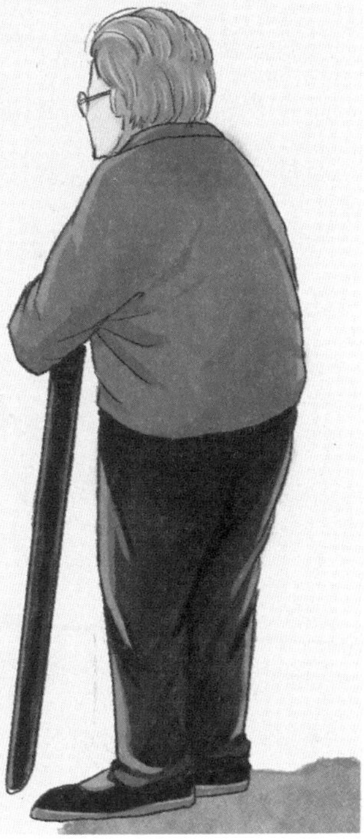

第一次送别是我小学毕业，我考上了一所郊区的住宿中学，那是20世纪60年代初。那天去学校报到时，送我去的是父亲。那时父亲还年轻，鼓鼓囊囊的铺盖卷提在他的手中并不显得沉重。中学很远，坐了两部电车，又换上了到郊区的公共汽车。从窗外掠过很多陌生的风景，可我根本没有心思欣赏。我才十四岁，从来没有离开过家，没有离开过父母，想到即将一个人在学校里过寄宿生活，不禁有些害怕，有些紧张。一路上，父亲很少说话，只是面带微笑默默地看着我。当公共汽车在郊区的公路上疾驰时，父亲望着窗外绿色的田野，表情变得很开朗。我感觉到离家越来越远，便忐忑不安地问：“我们是不是快要到了？”父亲没有直接回答我，指着窗外翠绿的稻田和在风中飘动的林荫，答非所问地说：“你看，这里的绿颜色多好。”他看了我一眼，大概发现了我的惶惑和不安，便轻轻地抚摸着我的肩胛，又说：“你闻闻这风中的味道，和城市里的味道不一样，乡下有草和树叶的气味，城里没有。这味道会使人健康的。我小时候，就是在乡下长大的。离开父母去学生意的时候，只有十二岁，比你还小两岁。”父亲说话时，抚摸着我肩胛的手始终没有移开，“离开家的时候也是这样的季节，比现在晚一些，树上开始落黄叶了。那年冬天来得特别早，我离家才没有几天，突然就发冷了，冷得冰天雪地，田里的庄稼全冻死了。我没有棉袄，只有两件单衣裤，冷得瑟瑟发抖，差点没冻死。”父亲用很轻松的语气，谈着他少年时代的往事，所有的艰辛和严峻，都融化在他温和的微笑中。在我的印象中，父亲并不是一个深沉的人，但谈起遥远往事的时候，尽管他微笑着，我却感到了他的深沉。那天到学校后，父亲陪我报到，又陪我找到自己的寝室，帮我铺好了床铺。接下来，就是我送父亲了，我要把他送到校门口。在校门口，父亲拍拍我肩膀，又摸摸我头，然后笑着说：“以后，一切都要靠你自己了。开始不习惯，不要紧，慢慢就会习惯的。”说完，他就大步走出了校门。我站在校门里，目送着父亲的背影。校门外是一条大路，父亲慢慢地向前走着，并不回头。我想，父亲一定会回过头来看看我的。果然，走出十几米远时，父亲回过头来，见我还站着不动，父亲就转过身，使劲向我挥手，叫我回去。我只觉得自己的视线模糊起来……在我少年的心中，我还是第一次感到自己对父亲是如此依恋。

父亲第二次送我，是“文化大革命”期间了。那次，是出远门，我要去农村“插队落户”。当时，父亲是“有问题”的人，不能随便走动，他只能送我到离家不远的车站。那天，是我自己提着行李，父亲默默地走在我身边。快分手时，他才讷讷地说：“你自己当心了。有空常写信回家。”我上了车，父亲站在车站上看着我。他的脸上没有露出别离的伤感，而是带着他常有的那种温和的微笑，只是有一点勉强。我知道，父亲心里并不好受，他是怕我难过，所以尽量不流露出伤感的情绪。车开动了，父亲一边随着车的方向往前走，一边向我挥着手。这时我看见，他的眼睛里闪烁着晶莹的泪光……

父亲第三次送我，是我考上大学去报到那一天。这已经是1978年春天。父亲早已退休，快七十岁了。那天，父亲执意要送我去学校，我坚决不要他送。父亲拗不过我，便让步说：“那好，我送你到弄堂口。”这次父亲送我的路程比前两次短得多，但还没有走出弄堂，我发现他的脚步慢下来。回头一看，我有些吃惊，帮我提着一个小包的父亲竟已是泪流满面。以前送我，他都没有这样动感情，和前几次相比，这次离家我的前景应该是最光明的一次，父亲为什么这样伤感？我有些奇怪，便连忙问：“我是去上大学，是好事情啊，你干吗这样难过呢？”父亲一边擦眼泪一边回答：“我知道，我知道。可是，我想为什么总是我送你离开家呢？我想我还能送你几次呢？”说着，泪水又从他的眼眶里涌了出来。这时，我突然发现，父亲花白的头发比前几年稀疏得多，他的额头也有了我先前未留意过的皱纹。父亲是有点老了。唉，这是没有办法的事情，儿女的长大，总是以父母青春的流逝乃至衰老为代价的，这过程，总是在人们不知不觉中悄悄地进行，没有人能够阻挡这样的过程。

父亲中年时代身体很不好，严重的肺结核几乎夺去他的生命。曾有算命先生为他算命，说他五十七岁是“骑马过竹桥”，凶多吉少，如果能过这一关，就能长寿。五十七岁时，父亲果真大病一场，但他总算摇摇晃晃地走过了命运的竹桥。过六十岁后，父亲的身体便越来越好，看上去比他实际年龄要年轻十几二十岁。曾经有人误认为我们父子是兄弟。八十岁之前，他看上去就像六十多岁的人，说话，走路，都没有老态。几年前，父亲常常一个人突然地就走到我家来，只要楼梯上响起他缓慢而沉稳的脚步声，我就知道是他来了，门还没开，门外就已经漾起他含笑的喊声……四年前，父亲摔断了胫股骨，在医院动了手术，换了一个金属的人工关节。此后，他便一直被病痛折磨着，一下子老了许多，再也没有恢复以前那种生机勃勃的精神状态。他的手上多了一根拐杖，走路比以前慢得多，出门成了一件困难的事情。不过，只要遇到精神好的时候，他还会拄着拐杖来我家。

在我的所有读者中，对我的文章和书最在乎的人，是父亲。从很多年前我刚开始发表作品开始，只要知道哪家报纸和杂志刊登有我的文字，他总是不嫌其烦地跑到书店或者邮局里去寻找，这一家店里没有，他再跑下一家，直到买到为止。为做这件事情，他不知走了多少路。我很惭愧，觉得我那些文字无论如何不值得父亲去走这么多路。然而再和他说也没用。他总是用欣赏的目光读我的文字，尽管不当我的面称赞，也很少提意见，但从他阅读时的表情，我知道他很为自己的儿子骄傲。对我的成就，他总是比我自己还兴奋。这种兴奋，有时我觉得过分，就笑着半开玩笑地对他说：“你的儿子很一般，你不要太得意。”他也不反驳我，只是开心地一笑，像个顽皮的孩子。在他晚年体弱时，这种兴奋竟然一如十数年前。前几年，有一次我出版了新书，准备在南京路的新华书店为读者签名。父亲知道了，打电话给我说他要去看看，因为这家大书店离我的老家不远。我再三关照他，书店里人多，很挤，千万不要凑这个热闹。那天早晨，书店里果然人山人海，卖书的柜台几乎被热情的读者挤塌。我欣慰地想，还好父亲没有来，要不，他撑着拐杖在人群中可就麻烦了。于是我心无旁骛，很专注地埋头为读者签名。大概一个多小时后，我无意中抬头时，突然发现了父亲，他拄着拐杖，站在远离人群的地方，一个人默默地在远处注视着我。唉，父亲，他还是来了，他已经在一边站了很久。我无法想象他是怎样拄着拐杖穿过拥挤的人群上楼来的。见我抬头，他冲我微微一笑，然后向我挥了挥手。我心里一热，笔下的字也写错了……

去年春天，我们全家陪着我的父母去杭州，在西湖边上住了几天。每天傍晚，我们一起在湖畔散步，父亲的拐杖在白堤和苏堤上留下了轻轻的回声。走得累了，我们便在湖畔的长椅上休息，父亲看着孙子不知疲倦地在他身边蹦跳，微笑着自言自语：“唉，年轻一点多好……”

死亡是人生的必然归宿，雨果说它是“最伟大的平等，最伟大的自由”，这是对死者而言，对失去了亲人的生者们来说，这永远是难以接受的事实。父亲逝世前的两个月，病魔一直折磨着他，但这并不是什么不治之症，只是一种叫“带状疱疹”的奇怪的病，父亲天天被剧烈的疼痛折磨得寝食不安。因为看父亲走着去医院检查身体实在太累，我为父亲送去一辆轮椅，那晚在他身边坐了很久，他有些感冒，舌苔红肿，说话很吃力，很少开口，只是微笑着听我们说话。临走时，父亲用一种幽远怅惘的目光看着我，几乎是乞求似的对我说："你要走？再坐一会儿吧。"离开他时，我心里很难过，我想以后一定要多来看望父亲，多和他说说话。我绝没有想到，再也不会有什么"以后"了，这天晚上竟是我们父子间的永别。两天后，他就匆匆忙忙地走了。父亲去世前一天的晚上，我曾和他通过电话，在电话里，我说明天去看他，他说："你忙，不必来。"其实，他希望我每天都在他身边，和他说话，这我是知道的，但我却没有在他最后的日子里每天陪着他！记得他在电话里对我说的最后一句话是："你自己多保重。"父亲，你自己病痛在身，却还想着要我保重。你最后对我说的话，将无穷无尽回响在我的耳边，回响在我的心里，使我的生命永远沉浸在你的慈爱和关怀之中。父亲！

在父亲去世后的日子里，我一个人静下心来，面前总会出现父亲的形象。他像往常一样，对着我微笑。他就站在离我不远的地方，向我挥手，就像许多年前他送我时，在路上回过头来向我挥手一样，就像前几年在书店里站在人群外面向我挥手一样……有时候我想，短促的人生，其实就像匆忙的挥手一样，挥手之间，一切都已经过去，已经成为过眼烟云。然而父亲对我挥手的形象，我却无法忘记。我觉得这是一种父爱的象征，父亲将他的爱，将他的期望，还有他的遗憾和痛苦，都流露宣泄在这轻轻一挥手之间了。

二寸之间

古人有一个很有意思的比喻，两代人之间，即父母和子女间的距离，为一寸，而祖孙之间的距离，为二寸。这一寸和二寸间的距离，对从前的人来说，差距并不太大，中国人几代同堂，老少共居一室，亲密无间，是非常普遍的事情。不要说二寸，即便是“三寸”，也不是遥不可及的关系。

我没有见过我的祖父，在我出生前的很多年，他就去世了。祖父是崇明岛上一个租别人的田地耕种的穷人，生前没有留下照片，我不知道他长得什么模样，据说很像我父亲，不过我无法想象。我的祖母却在我的童年生活中留下了无比亲切的记忆。我和祖母的接触，也就是童年的三四年时间，我吃过祖母烧的饭菜，穿过祖母做的布鞋，祖母在灯下一针一线为我们几个调皮的孙儿补袜子的情景，在我的记忆中如同一幅温馨的油画。在记忆里，祖母是慈爱的象征，我至今仍清晰地记得她的微笑和声音，记得她枯瘦的手抚摸我脸颊的感觉。

我的外公和外婆去世得更早，我只是在母亲那本发黄的老相册上见过外公和外婆。外公是一个非常英俊的男人，照片上他目光炯炯地盯着我，但我却无法在他的凝视下产生一点亲切感。而我的外婆，在我母亲还是婴儿时就撒手人寰，她是在分娩时去世的，生下的男孩，也就是我最小的舅舅，也没有活过一个月。照片上的外婆是一个绝色美女，眉眼间流露出深深的哀伤，仿佛在拍照时就预感到自己悲剧的命运。尽管母亲曾给我讲过不少关于外公和外婆的故事，但我的感觉，这更像是小说中的情节，和我的关系不大。但是，另一个外婆的形象，在我的记忆中却和祖母一样亲切。这外婆并不是母亲相册中那个表情哀伤的美女，而是另外一位慈眉善目的白发老人。我的亲外婆去世后，外公又续弦娶了一个女人，这就是以后和我有了千丝万缕关系的另一个外婆。我和外婆住在同一个屋顶下的时间很短，还不到一年，那是在我四岁的时候。印象中外婆是个劳碌的人，照顾着很多人的衣食起居，一天到晚忙着，没有时间和我说话。后来，我们全家搬出去住了，去外婆家，就成了我们生活中的一件经常的事情。等我稍大一点，我发现外婆原来是一个很有情趣的人。一次，我去看外婆，从床底下的一个箱子里拿出几本线装书，还是她当年读私塾时用过的书，一本是《千家诗》，另一本是《古文观止》。她说："这里面的诗，我现在还能背。"我便缠着外婆要她背古诗，她也不推辞，放开喉咙就大声背了起来："清明时节雨纷纷，路上行人欲断魂……""二月湖水清，家家春鸟鸣……"。外婆背唐诗摇头晃脑，像唱歌一样，一副陶然自得的样子。她说，小时候读私塾时，老师就是这样教她背的，背不出，要用板子打手心。外婆喜欢的唐诗大多是描绘春天景色的，听她背诵这些诗句，使我心驰神游，飞向春光烂漫的大自然。外婆和我住在同一个城市里，每年

春节，我们都要去给外婆拜年，从我的童年时代一直到中年，年年如此。小时候是跟着父母去，成家后是和妻子一起带着儿子去。外婆长寿，活到九十四岁，前年才去世。去世前不久，我带儿子去看她，她躺在床上，还用最后的力气背唐诗给儿子听。

儿子和外婆之间，是“三寸”的关系了，他对外婆的称呼是“太太”。看到他和外婆拉着手交谈，我感到欣慰。儿子不知道什么“二寸”和“三寸”，但我从小就让他懂得要爱长辈，要关心老人。儿子和我的父母这“二寸”之间，可谓亲密无间。七年前，父亲卧病在床，我无法带儿子天天去看他，儿子每天放学回家先打一个电话给父亲，祖孙之间的通话很简单，总是儿子问：“公公，你好吗？”“公公，身上痛不痛？”然后是父亲问孙子：“你在学校里快乐吗？”“功课做好了没有？”就是这样简简单单的对话，对我的父亲来说，却是他离开人世前最大的快乐。听听孙子稚气的声音，感受来自孙辈的关怀，胜过天下的山珍海味。

外婆去世后，我便再也没有可以维系的“二寸”之间的长辈关系了。每年春天，我和儿子总要陪着母亲去扫墓。站在长辈的墓前，遥远的往事又回到了眼前，亲近犹如昨天。“一寸”和“二寸”之间，此时便又失去了距离。

阅读提示

亲情定格了美好时光

想起一部著名的动画短片。

她还是小女孩时，和父亲一起骑车到海边，父亲缓缓走下山坡，划着小船渐行渐远，将她独自留在山坡上。寒来暑往，她一个人骑车在路上，每一次经过海边的山坡，她都会静静守望片刻。她在这样的骑行中长大，有了女伴、爱人、孩子。终于有一天，她也变成年轻人骑车争相超越的垂垂老妇。她再次来到海边，自行车摇晃着倒下，她终于走下了山坡，沧海桑田，曾经的大海长满了荒草。在草的深处，她看见当年父亲划走的那条小船。她蜷缩着躺进船里，如同幼时躺进父亲的臂弯。仿佛有什么惊动了她，她突然醒来，跑出了小船，她的身体越跑越年轻，最后，她看到了父亲。暌违经年，两人静立凝望片刻，紧紧相拥。

短片名叫《父与女》，曾获奥斯卡最佳动画短片奖。其实在短片的开始，父亲就划船离开了，但在女儿终其一生的守望里，父亲又始终在场。这就是我们和至亲的关系，无论他们是否在我们身边，那种流淌在我们血液中的存在感，始终伴随着我们。就像这一组散文所呈现的，那些血浓于水的深情，无不在诉说同一声感慨：和你们在一起，所有的时光都是最美的时光。

第16堂课

历史的暗角

16

Lesson 16

小鸟，你飞向何方

在黄昏的微光里，有那清晨的鸟儿来到了我的沉默的鸟巢里。

我喜欢泰戈尔的诗。还在读中学的时候，泰戈尔就把我迷住了，一本薄薄的《飞鸟集》，竟被我纤嫩的手指翻得稀烂。那些充满着光彩和幻想的诗句，曾多少次拨动我少年的心弦……

《飞鸟集》破损了，我渴望再得到一本。然而，“文化大革命”一开始，这个小小的愿望，竟成了梦想。我的那本破烂的《飞鸟集》，也被人拿去投入街头烧书的熊熊烈火中，暗红色的灰烬在火光里飞舞，飘飘洒洒，纷纷扬扬。我仿佛看见老态龙钟的泰戈尔在火光里站着，烈火烧红了他的白发，烧红了他的银须，也烧红了他的朴素的白袍。他用他那冷峻而又安详的目光注视着这一切，看着，看着，他的神色变了，似有几许惊恐，几许不安，也有几许愤怒，几许嘲讽……

我还是喜欢泰戈尔。在动乱的岁月里，我默默地背诵着他的诗，以求得几分心灵的安宁。“诗人的风，正出经海洋和森林，求它自己的歌声”。我陶醉在他所描绘的大自然中了——那宁静而又浮躁的海洋，那广袤而又多变的天空，那温暖而又清澈的湖泊，那葱郁而又古老的森林……

有一天，我忽然异想天开了：到旧书店去走走，看能不能找到几本好书。结果，当然叫人失望。但，我发现，有时还会有几本“罪当火烧”的书出现在书架上，或许，这是由于店员的粗心吧。于是，我抱着几分侥幸，三天两头往旧书店跑。一个星期天的早晨，我又走进冷冷清清的旧书店。我的目光，久久地在一排排大红的书脊中扫动。突然，我的眼睛发亮了：一条翠绿色的书脊，赫然跻身在一片红色之间。呵，竟是《飞鸟集》！

该不会有另一种《飞鸟集》吧？我不相信自己的眼睛，仔细一看，果真有泰戈尔的名字。随即，我又紧张了，是的，这年头，得而复失的太多了。挤压着《飞鸟集》的一片红色，又使我想起街头那一堆堆焚书的烈火，那漫天飞扬的纸灰……我赶紧向书架伸出手去。

几乎是同时，旁边也伸出一只手来，两只手，都紧紧地捏住了《飞鸟集》。这是一只瘦小白皙的手，一只小姑娘的手。我转过脸来，正迎上两道清亮的目光——一个中学生模样的小姑娘站在我身旁，抬起脸看着我，白圆的脸上，一双清秀的眼睛眨巴眨巴地闪动着，像一潭清澈见底的泉水，微波起伏，平静中略带点惊讶。

我愣住了，手捏着书脊，不知如何是好。还是她开了口：“你也要它吗？那就给你吧。”声音，清脆得像小鸟在唱歌。

我的脑海里忽然旋起个念头：在这样的时候，她还会喜欢泰戈尔？莫非，她根本不知道这是怎样一本书？于是，我轻轻问道：“你知道，这是谁的书？”

“谁的书！”小姑娘抬起头来，颇有些惊奇地看着我，秀美的眼睛睁得滚圆，转而，开心地笑起来，一边笑，一边做了个鬼脸：“这是一个老爷爷的书，一个满脸白胡子的印度老爷爷。我喜欢他。”说罢，用手做着捋胡子的样子，又咯咯地笑了。如同平静的池塘里投进了一颗石子，笑声，在静静的店堂里荡漾……

啊，还真是个熟悉泰戈尔的！我多么想和她谈谈泰戈尔，谈谈我所喜欢的那些作家，谈谈几乎已被人们遗忘了的世界呵！然而，这样的年头，这样的场合，这样的谈话肯定是不合时宜的，即便年轻，我还是懂得这一点。小姑娘见我呆呆地不吭声，刷地一下把《飞鸟集》从书架上抽下来，塞到我手中：“给你吧，我家里还藏着一本呢！”没等我做出任何反应，她已经转身去了。我只看见她的背影：一件淡紫色的衬衫，上面开满了白色的小花；两根垂到腰间的长辫，随着她轻快的脚步摆动……

她走了，像一缕轻盈的风，像一阵清凉的雨，像一曲优美的歌……

夏天的飞鸟，飞到我窗前唱歌，又飞去了。

旧书店里的那次邂逅，留给我的印象竟是那么强烈。真的，生活中有些偶然发生的事情，有时会深深地刻进记忆中，永远也忘记不了。我不知道那个小姑娘的名字，甚至没有看仔细她的容貌，但，她从此却常常地闯到我的记忆中来了。当我看着那些在街头吸烟、无聊踯躅的青年，心头忧郁发闷的时候，当我读着那些大吹“知识越多越反动”的奇文，两眼茫然迷离的时候，她，就会悄悄地站到我的面前，眨着一对明亮的眼睛，莞尔一笑，把一本《飞鸟集》塞到我手中，然后，是那唱歌一般悦耳的声音：“这是一个老爷爷的书，给你吧，我家里还藏着一本呢！”……

她使我惶乱的思想得到一丝欣慰，她使我空虚的心灵得到几分充实。她使我相信：并不是所有的青年人都忘记了世界，抛弃了前人创造的文化，抛弃了那些属于全体人类的美的事物！

有时，我真想再见到这位小姑娘，可是，偌大个城市，哪里找得到她呢？有时，我却又怕见到她，因为，在这些岁月里，有多少纯真的青年人变了，变得世故，变得粗俗，就像炎夏久旱之后的秧苗，失去了水灵灵的翠绿，萎缩了，枯黄了。我怕再见到她以后，便会永远丢失那段美好的回忆。

一次，我在街上走着，迎面过来几个时髦的姑娘，飘拂潇洒的波浪长发，色调浓艳的喇叭裤子，高跟鞋踏得笃笃作响，香脂味随着轻风飘漾。她们指手画脚大声谈笑着，毫无顾忌，似乎故意招摇过市，引得路人纷纷投去惊奇的目光，目光之中，不无鄙视。对那些衣着打扮，我倒并没有反感，只是她们的神态……

我忽然发现，这中间有一张似曾相识的脸——呵，难道是她？是那个在书店遇见的姑娘！真有点像呀！我的心不禁一阵抽搐。我迎上去，想打招呼，她却根本不认识我，连看都不看一眼，勾着女伴的颈脖，嬉笑着从我身边走过去。哦，不是她，但愿不是她，我默默地安慰着自己，呆立在路边，闭上了眼睛……

是的，这绝不会是她。然而，这件小事却给了我心头重重一击。工作之余，我又打开泰戈尔的诗集。泰戈尔，这位异国的诗人，毕竟离我们遥远了，他怎么能回答我们这一代青年人的疑虑和苦恼呢！他的一些含着神秘色彩的诗句，竟使我增添许多莫名的忧愁和烦闷。“有些看不见的手指，如懒懒的微飔似的，正在我的心上，奏着潺潺的乐声”。可“我知道我的忧伤会伸展开它的红玫瑰叶子，把心开向太阳”！

冬天的小鸟啾啁着，要飞向何方？

历尽了一场肃杀的寒冬，春天来了。经过冰雪的煎熬，经过风暴的洗礼，多少年轻的心灵复苏了，他们告别了愚昧，告别了忧郁，告别了轻狂，向光明的未来迈开了脚步。就像泥土里的种子，悄悄地萌发出水灵灵的嫩芽，使劲顶出地面，在春风春雨里舒展开青翠的枝叶……

恍若梦境，我竟考上了大学。去报到之前，我清理着我的小小的书库，找几本心爱的书随身带着，第一本，就想到了《飞鸟集》。呵，她在哪里呢？那个许多年前在书店里遇见的小姑娘！此刻，即使她站到我面前，我大概也不会认识她了，可是，我多么想知道，她在哪里……

人流，长长不断的人流，浩浩荡荡涌向校门。我随着报到的人群，慢慢地向前走着。不知怎的，我仿佛有一种预感——在这重进校门的队伍中，会遇见她。于是，我频频四顾，在人群中寻找着。

一次又一次，我似乎见到了她——她背着书包走过来了，脚步，已不似当年轻盈，却稳重了，坚定了；身上，还是那一件淡紫色的衬衫，上面开满了白色的小花；两根垂到腰间的长辫，轻轻地晃动着……

这不过是幻觉而已，我找不到她。在这支源源不绝的人流里，有那么多的小伙，那么多的姑娘，哪有这样巧的事情呢。可是，我的心头还是涌起了几分惆怅，眼前，仿佛又掠过几年前在街头见到的那一幕……

有人撞到我的脚跟上，我一下子从沉思中惊醒。身边，是笑声，是歌声，是脚步声。我不禁哑然失笑了。脑海中，突然跳出几行不知是谁写的诗句来：

你呀，你呀，何必那么傻，
经过一场风寒，就以为万物肃杀。
闻一闻风儿中春的芳馨吧，
生活，总要向美好转化！

我抬起头来，幽蓝的天空，辽远而又纯净——这是春天的晴空呵！一群又一群鸟儿从远方来了，它们欢叫着，扇动着翅膀，划过透明的青天，飞呵，飞呵，飞……

火 光

在旷野中夜行，如果没有星月，也没有路灯，你周围的黑暗会浓得像墨汁，世界将消失，只有你自己的意识在伸手不见五指的空间中滑动。这时，假如有一点光亮出现，你才会被提醒，这是在什么地方。

二十多年前，有一次坐夜行列车去南方，坐在车里看窗外，只见一片茫茫无边的漆黑，无法猜知那漆黑的天地中蕴藏着什么。周围的旅客都在打瞌睡，我也望着窗外的黑暗昏昏睡去……半夜里，突然被一个女人尖锐的声音叫醒：

“快看！快看！着火了！着火啦！”

我睁着惺忪的眼睛向车窗外看去，果然看到一团红色的火光在黑暗中燃烧。火光离铁道很远，看不清是什么东西烧着了，只见火舌在幽暗中窜舞着，跳跃着，灿烂的火星高高地飞起来，在空旷的夜天里飘动，犹如漫天活泼的萤火虫……虽然无法看清被烧的是什么，然而凭借着这火光，我隐约看到了被火光照亮的山坡、树丛、河流……火光中的这一切都朦朦胧胧，神奇如美妙的梦幻。

火光在我的视野中一闪而过，车窗外又恢复了那一片深邃无际的黑暗，只有车轮和铁轨的撞击声，单调地在我的耳边回响，还有旅客的鼾声和叹息。不知为什么，我再也无法睡着，脑海里怎么也驱逐不了那火光。我睁大眼睛凝视着车窗外，什么也看不见。可此时的黑暗已经和先前不一样了，透过那浓浓的黑暗，我仿佛能看见许多闪闪发亮的东西，它们在天地间飞翔舞蹈，美丽如节日的焰火，如元宵夜的彩灯，如童话中辉煌的火凤凰……所有我曾见到过的光明美好的事物，此刻都纷纷飞到了我的眼前……这种感觉，一直到天亮。当黎明的曙光透过车窗，照到我的脸上时，我依然沉浸在因火光引出的遐想之中。

在夜行列车里看到的火光，我至今依然非常清晰地记得，而且常常想起。那种奇妙的、回味无穷的感觉，以后似乎很少遇到。

阅读提示　燃烧在黑暗中的火光

如今的新生代固然对“文革”无感，它只是历史教科书中短短的一页，寥寥的一些印象，在描写这一时代的文学作品中，常见的形容词是狂躁、动荡、昏暗……赵丽宏曾经写过一部儿童长篇小说《渔童》，背景就是取自“文化大革命”。恰恰是在离童话最远的时代里，产生了最美好的人间温情。于是我们再来看这两篇散文，它们所发生的时代，多多少少都带有“文化大革命”的暗影。《小鸟，你飞向何方》是关于诗魂不灭的故事，钟爱的《飞鸟集》在“文化大革命”中被烧毁，幸运的是，作者不但在旧书店重新邂逅了这部诗集，还邂逅了一位同样热爱泰戈尔的知音，她使人相信：“并不是所有的青年人都忘记了世界，抛弃了前人创造的文化，抛弃了那些属于全体人类的美的事物！”这些散文，都是在历史的暗角中发现的幽微的光芒，这光芒来自文学，来自艺术，来自人性之善，可以保护人不被黑暗所侵蚀。如果说最后一篇《火光》是一篇意味深长的寓言，那么，一颗仁爱向善、被艺术滋养着的心灵，就是在黑暗的旷野中照亮前路的灿烂火光吧。

第17堂课

音乐之声

17

Lesson 17

莫扎特的造访

不是所有的音乐都可以把你引进天堂，音乐家也有烦躁不安的时候；当音乐家把他的烦躁不安转化为旋律时，这样的旋律带给你的也可能是烦躁和不安。所以我不可能喜欢一个音乐家的所有作品，包括伟大的贝多芬。但是，有一位音乐家例外，那便是莫扎特。莫扎特往往是漫不经心地站在我的面前，双手合抱在胸前，肩膀斜倚着一堵未经粉刷的砖墙，他微笑着凝视我们全家，把我们带进了他用光芒四射的音符建造的美妙天堂。

既然生活中有这样一个天堂，而且它离我们并不遥远，那么，为什么不经常到天堂里去游览一番呢？何况莫扎特无所不在。此刻，在我写这篇文章的时候，我家的音响中正播放着莫扎特的《F大调第一钢琴协奏曲》。妻子在读一本画报，儿子在做功课，音乐对我们全家都没有妨碍，尤其是像莫扎特第一钢琴协奏曲这样的作品，我们三个人都可以在音乐的伴奏下各自做自己的事情。

我曾经告诉儿子，莫扎特写这部作品的时候还不到10岁。儿子睁大了眼睛，惊奇地问："真的？他是天才？""是的，是天才，他是上帝派到人间传播美妙音乐的天才。”我这样回答儿子。

10岁的莫扎特，心里没有任何阴霾，没有忧伤和恐惧，只有对未来的幻想和憧憬，一切都明丽而鲜亮。莫扎特把童年时代的梦幻都倾吐在他的音乐中了。我喜欢这样的音乐在我周围幽幽地回荡。从钢琴上蹦跳出的音符，轻盈而圆润，犹如一滴滴清澈透明的雨珠，从冥冥的天空中落下来，在宁静的空气中闪烁飘荡。你看不见它们，接不住它们，却真切而优美地感觉到它们的存在，感觉到它们在轻轻地拨动你的心弦。它们滴落在任何地方，都会反弹出清幽脆亮的回声。美妙的旋律无所不至，仿佛是春天的微风从草地上拂过，没有什么能躲过那柔情的手指的抚弄。闭上眼睛，你就可以看见那些在微风中颤动的野花，还有在花瓣上滚动的露珠；小小的蝴蝶扇动着它们的彩色翅膀，从这片草叶上，飞到那片草叶上，终于在一朵金黄色的小花上停下来，微微喘息着，让湿润的风吹拂那对美丽的翅膀……我问儿子，在莫扎特第一钢琴协奏曲的旋律中看到了什么。儿子说：“我看见一个金头发的孩子在弹琴，他坐在花园里，身边有很大的喷泉，喷出银色的水花，漫天飞舞。”妻子说：“我看见一条小溪在绿色的山坡上流淌，小溪里都是五彩的石头。”儿子笑着总结：“有喷泉，也有小溪，还有春天下雨时在树林里听到的声音。”

说完话，我们仍然自己做自己的事情。除了音乐，家里没有其他声音，然而世界上一切美丽的音响都在我们小小的家中回荡……有莫扎特的音乐陪伴着，家里是多么安静多么好，连阴郁的天气我们也能感受到阳光灿烂的情调。莫扎特，谢谢你的造访。

当然，莫扎特决不像有的人说的那样，他的旋律中永远是欢乐和愉悦，仿佛除了欢乐，他没有其他情绪。这怎么可能，莫扎特毕竟不是不食人间烟火的神仙，生活的艰辛和人生的磨难不可避免地也会出现在他的音乐中，只是他从不嚎啕悲叹，他永远用优美的声音来表达自己的感情，即便这感情充满了忧郁和哀伤。有一次，听莫扎特的《施塔德勒五重奏》，一支安闲而出神入化的单簧管，在几把提琴的簇拥下，如泣如诉地吹出委婉迷人的旋律。这是莫扎特晚年的作品。儿子评论说：“这段音乐，好像有点伤心。”是的，孩子，你听出来了，是有些伤感。虽然和他的其他作品一样优美，但那种无可奈何的伤感情不自禁地从优美的旋律中流露出来。

和他的第一钢琴协奏曲相比，这是完全不同的情绪，前者是孩童对世界美妙的期待，后者是一位饱经沧桑的艺术家发自心灵的叹息。都是莫扎特，都是那清澈纯净，但反差是如此之大。这就是人生的印记，谁也无法超越它们。

“他为什么要写这首曲子？”儿子问我。我告诉他，有一个吹单簧管的音乐家，名字叫施塔德勒，是莫扎特的

好朋友，莫扎特写这部作品，就是送给施塔德勒的。这是对友情的怀念和歌颂。

“哦，莫扎特在想念他的朋友。”儿子自言自语。

人间的友情，难道就是这样蕴涵着深深的忧伤？单簧管如同一个步履蹒跚的旅人，尽管疲倦劳顿，却依然保持着优雅的姿态。

提琴们犹如一群白衣少女，在他身后翩翩起舞。少女们追随着旅人，他却只顾往前走，不紧不慢，和少女们保持着小小的距离，他们的脚步声汇合成和谐沉稳的节奏……在寒冷、饥饿的窘迫中，真挚高贵的友情是怎样一种色彩呢？我在单簧管优雅而踉跄的步履中闭上眼睛，我看见了那个吹单簧管的音乐家，他忘情地吹着，陶醉在一颗高贵的心赠予他的友情的歌声里。温暖的烛光随着音乐的旋律在他的脸上晃动。烛光照射的范围是那么狭窄，听众们都在不远的黑暗之中。黑暗中，莫扎特站在人群的后面，正像我想象的那样，他斜倚在墙上，默默地听他的朋友把涌动在他心中的音符一节又一节地表达出来。在音乐的光芒中，他苍白的脸色显得那么焕然，他的眼睛里闪烁着晶莹的泪珠……美好的音乐并不能改变惨淡的人生，然而它们把无数奇妙的瞬间留在了能听懂这些音乐的灵魂中。

儿子刚生下来时，我就让他听音乐，我从我的并不丰富的音乐录音带中挑选了半天，选出的是莫扎特的一组钢琴曲，妻子说：“行吗？给他听这样的音乐？”我说：“为什么不行？莫扎特不是深不可测、难以接近的。你怀孕的时候，不是也常常听这样的音乐吗？儿子在你的肚子里时，已经听过了，他不会感到陌生。”妻子笑了。当时根本没有什么高级的音响设备，一个很简单的匣式录音机，放在摇篮边，把音量开得很轻。音乐就这样在出生不久的儿子耳边响起来。一个遥远的外国人，用亲切的口气，向我们的婴儿描绘着他的仙境一般的梦幻……儿子安安静静地听着，眼睛睁得很大，望着天空，似乎想在空中找到那美妙旋律的影子。最有意思的是，每当他哭闹时，只要打开录音机，让莫扎特的旋律在他耳边响起来，他就会立即停止啼哭，变得十分安静。他的小手舞蹈般在空中挥动着，仿佛是想抓住飘荡在他耳边的那些奇妙的音符。他永远抓不住那些奇妙的音符，所以这些音符就越来越奇妙。他常常是听着音乐安然入睡，莫扎特在轻轻地为他催眠……在蒙昧混沌的世界中，有这样的音乐渗入心灵，会怎么样呢？音乐会不会像种子，落进尚未耕耘过的心田中，悄悄地发芽长叶，开出清馨典雅的花朵？我告诉儿子，莫扎特离开人世时，两袖清风，一无所有，他甚至没有为自己留下买一口棺材的钱。在风雪中，他被不认识的人埋葬在谁也不知道的地方。人们甚至无法在他的墓地上献上一朵小花。

“他为什么那么穷？”儿子的目光里饱含着困惑和不平。

“因为那时音乐不值钱。”我的回答无奈而黯然。

这时，我们的耳边充满了莫扎特的音乐，是他的最后一部交响乐《第四十一交响曲》。那是蓝色的海水，平静地冲洗着沙滩，那是人心和天籁的融和，是超越时空的预言，是不死的灵魂在呼吸，天地间回响着那永恒的潮汐，无穷无尽……“钱算什么？”儿子突然喊道，“钱会烂掉，音乐活在人的心里！”我和妻子相视一笑。在音乐的流水声中，我们狭小的屋子变得无比宽阔，所有的墙壁都消失了，可以看到最遥远的风景。莫扎特像一个目光平和的天使，在我们的前方翩翩地飘行。我们幻想中所有美丽的地方，他都能引导我们抵达……

弦上的河流

有一条河流，永不枯涸地在我的心头流淌……《D大调小提琴协奏曲作品第61号》，这是贝多芬的小提琴曲中最精彩的一首。如果要我为世界上所有的小提琴协奏曲排名次，我会毫不犹豫地将它排在第一位。人间可能产生的深挚的感情和绮丽的遐想，在这部作品中都能感受到。我无法想象，贝多芬是在怎样的一种心情下写出了这部作品，高亢和低沉，欢乐和悲伤，明朗和阴郁，同时出现在他的旋律中。如果把这部作品比作一幅画，那么，这幅画把阳光和乌云、暖雨和冰雪、微飔和风暴融和在一起，这是奇妙而自然的融和，水乳交汇，天衣无缝。不管在什么情绪中听这部作品，我的心灵中都会产生强烈而悠远的共鸣。记得在"文化大革命"前，我有一张唱片，是匈牙利小提琴家西格第演奏的这首曲子。唱片非常旧，但声音基本没有变。在那台老式的电唱机里，我能够感受到贝多芬无与伦比的才华，也能感受到西格第的陶醉和激情，还有他那无瑕可剔的技巧。"文化大革命"中，我常常在无人的夜间，一个人偷偷地打开唱机放这张唱片，这是一件很刺激，也很

快乐的事情。后来，斯特恩来中国访问时，我曾经听过他拉这首曲子，但感觉远不如在黑暗的夜间一个人偷偷地听唱片那样美妙。在那场演出中，斯特恩拉错了好几个音符，因为对这首曲子熟，所以他的错误我听得一清二楚。我想，大概是斯特恩老了。后来梅纽因来中国，我也听他拉过这首曲子，感觉还不如斯特恩。我相信，他们年轻时，都曾经把这首曲子拉得精确而又辉煌，就像西格第年轻时在那张旧唱片中拉的那样。不同的人，不同的感情，不同的手，不同的提琴，会使同一首曲子产生不同的效果。然而没有人能够篡改贝多芬的D大调。一个再纤弱的人，沉浸到它的旋律中时，也会变得激情洋溢。我也听过韩国的女小提琴家郑京和拉的这部作品，尽管没有西格第的雄浑和奔放，但她表达出的激情同样光彩四溢。听她的演奏时，我眼前出现了贝多芬雄狮般俯视着大地的沉思的表情，也出现了一双灵巧地操持着琴弓的纤纤玉手，两者的反差是如此强烈，但他们却统一在回旋飞扬的小提琴旋律中，统一在跌宕起伏的D大调中…… 台湾小提琴家林昭亮，是我遇到的第五位拉贝多芬D大调的小提琴家。在音乐厅里听他演奏，使我受到了以前未曾有过的震撼。那时林昭亮才二十来岁，但他已经有了大师风范。 他站在台上，站在庞大的交响乐队前，那神情却是目空一切，只有小提琴上的四根弦，在他的视野和灵魂中延伸。他不假思索地拉着，D大调仿佛是从他的心里涌出来，通过小提琴的四根弦，流向辽阔的空间。D大调的第一乐章中，有一大段小提琴独奏的华彩乐章。这时，交响乐队隐退了，只剩下一把提琴，在寂静中深情地鸣唱，然而这不是孤独的声音，而是一个清澈透明的灵魂，面对着美妙的人生，面对着清新的大自然，面对着他的善良真诚的朋友们，毫无遮掩地独自倾吐出他心中的激情。这种激情，是悲欢交织的激情，是充满了憧憬和向往的内心独白。拉这段华彩时，我看到林昭亮闭上了眼睛，完全沉浸在琴声里。这时，站在我面前的是一个抵达了人生的美好境界，也经历了人世沧桑的诗人，从四根琴弦上流出的，是神奇的诗行……

我曾经以为，从此以后，我大概再也听不到更精彩的D大调了，林昭亮已经把贝多芬这一段绮丽曲折的梦想发挥到了极致，然而我终于发现我错了。最近，有朋友送我一张CD，也是贝多芬的《D大调小提琴协奏曲》，演奏者是海菲斯，法国指挥家明希指挥庞大的波士顿交响乐团为他伴奏。以前听过不少海菲斯拉的小提琴曲，却没有听到他拉贝多芬的D大调 。这张CD，我连续听了三遍，海菲斯不仅使我陶醉使我震慑，而且完全把我征服了。这是我听到的最为完美的D大调，该磅礴处气势汹涌，该精微处委婉百啭，雷声和微风，咆哮和叹息，呐喊和歌吟，气象万千地在弓弦交吻中产生。我的感觉是，这一曲D大调，已经在海菲斯的心灵深处珍藏酝酿了很久，这样的珍藏和酝酿，使贝多芬的旋律成为他自己的生命和情感的一部分，此时此刻，他终于抑制不住内心深处的感情涌动，一发而不可收……

有意思的是，海菲斯的这场演出，是20世纪60年代中期的录音，距今也有三十来年了。他在录制这张唱片时，正是我躲在我的小黑屋中偷偷地听西格第的时候。美好的音乐，生命力是多么强大，一代又一代人，一双又一双手，从不同的琴弦上弹拨出同一条河流。这条奔涌的河流漫过了岁月的疆域，超越了国界的藩篱，使无数人徜徉其中，飘游其中，陶醉其中，感叹生命的多彩和世界的奇妙。而这条河流的源头，出自伟大的贝多芬。

月光如泪

中国的二胡是一种很奇妙的乐器。它的结构，其实和小提琴差不多。琴筒相当于小提琴的琴身，琴杆相当于小提琴的琴颈；二胡两根弦，小提琴四根弦；琴马，弦轴，形状不同，功能相仿；弓的造型虽异，可用的都是马尾。两者发声的原理，也是一样的，弓弦摩擦出声，再经琴身共鸣，奏出千变万化的曲调。所以有西方人说，二胡是“东方的小提琴”。其实，这话有所偏颇。小提琴，据说是由东方弦乐器在西方长期演变而成，到15世纪末方才开始逐渐定型。二胡，最初并不是汉民族的乐器，而是来自西北民族，所以称“胡琴”，意思和胡茄、胡桃、胡椒类似。然而在西方的小提琴成形之前，中国人早就在拉胡琴了。宋人沈括在《梦溪笔谈》中有“马尾胡琴随汉车”这样的诗句。那时是公元11世纪。而到元代，对胡琴就有更具体的描写，《元史·礼乐志》这样记载：“胡琴，卷颈龙首，二弦用弓捩之，弓之弦以马尾。”这正是现代人看到的二胡。所以，我们也可以说，小提琴，是“西方的二胡”。这当然是说笑而已。

在中国的民间音乐中，二胡拉出的曲子也许最能撩拨听者的心弦。我以为，用二胡拉悲曲远胜于奏欢歌。很久以前，我听过阿炳用二胡拉《二泉映月》的录音，这是世上最动人的音乐之一。单纯的声音，缓慢悠扬的旋律，带着些许沙哑，在冥冥中曲折地流淌。说它是映照着月光的泉水，并不勉强。然而乐曲决不是简单地描绘自然，这是从一颗孤独寂寞的心灵中流淌出来的声音，这声音饱含着悲凉和辛酸，是历尽了人间悲苦沧桑后发出的深长叹息。这是用泪水拉出的心曲，听着这样的音乐，我的心灵无法不随之颤抖。我想，阿炳当年创作这首曲子，未必是描绘二泉，而是对自己坎坷凄凉一生的感叹。一把简简单单的二胡，竟能将一个艺术家跌宕的人生和曲折的情绪表达得如此优美动人，实在是奇迹。在感叹音乐的奇妙时，我也为中国有二胡这样美妙的乐器而自豪。后来，我听到小泽征尔指挥庞大的波士顿交响乐团演奏《二泉映月》。阿炳的二胡独奏，变成了许多小提琴的合奏。在交响乐团奏出的丰富的旋

律中，我眼前出现的仍是映照着月光的二泉，仍是阿炳孤独的身影，他黑暗的视野中看不到泉水，也看不到月光，然而谁能阻止他向世界敞开一个音乐家的多情的胸怀？谁能改变他倾诉苍凉心境的美妙语言？我看到，站在指挥席上的小泽征尔，深深沉醉在《二泉映月》的旋律中，他的眼睛里闪烁着晶莹的泪光……

三十年前，在旧金山街头，我曾很意外地听到一次二胡独奏。那是在一条人迹稀少的街上，一阵二胡琴声从远处飘来，拉的正是《二泉映月》。在异国他乡，听到如此熟悉的中国乐曲，当然很亲切。可是走近了我才发现，拉二胡的竟是一个沿街行乞的中国人。这是一个中年男人，低着头，阖着双眼，当众孤独，沉浸在自己的琴声里。他拉得非常好，丝毫没有走调，而且，把那种凄楚无奈的情绪表现得淋漓尽致。我远远地看着他，不忍心走到他身边，然而琴声还是一声声扣动了我的心弦。听过无数次《二泉映月》，在旧金山街头，是我听得最伤感的一次。

阅读提示

音乐活在人的心里

哲学家叔本华说：“一切艺术向往音乐的形式。”因为和其他的艺术门类相比，音乐不依靠逻辑，不借助语言，而是属于自然本能的一种情感释放。贝多芬也曾说过：“音乐是比一切智慧、一切哲学更高的启示，谁能说透音乐的意义，便能超脱常人无以振拔的苦难。”

至于在中国的儒家传统中，对音乐的重视也由来已久。《晋书·乐志》：“是以闻其宫声，使人温良而宽大；闻其商声，使人方廉而好义；闻其角声，使人倾隐而仁爱；闻其徵声，使人乐养而好使；闻其羽声，使人恭俭而好礼。”将五音与人的性格行为的塑造联系在一起。儒家六艺中有礼、乐、射、御、书、数，六经中有诗、书、礼、乐、易、春秋。两者中唯有礼乐是交集，可见其重要性。

在这一组散文中，我们看到的正是音乐的力量。音乐本身是无形的，但人们常在聆听音乐中感知到某种情绪和形象，这就是“通感”。如马融《长笛赋》中“尔乃听声类形，状似流水，又像飞鸿”；又如我们熟知的“高山流水”的典故。于是作者在贝多芬《D大调小提琴协奏曲》中看到一幅融汇着阳光和乌云、暖雨和冰雪的画面（《弦上的河流》）；在莫扎特《F大调第一钢琴协奏曲》中看到清澈透明的雨珠，微风拂过草叶，蝴蝶在花瓣上喘息（《莫扎特的造访》）。

无论是西方的音乐大师贝多芬、莫扎特，还是中国的阿炳，音乐本身是超越国界的世界语言，通过不同演奏家、指挥家的演绎，听者能够无比贴近音乐的情绪和乐声背后的伟大灵魂。在《莫扎特的造访》中，为了让幼年的儿子也能理解莫扎特作品中多层次的丰富内涵，作者以一种循循善诱的方式，用抒情的、诗一般的语言解读莫扎特，不仅使儿子，也使我们每一位读者，领悟到音乐背后所蕴涵的人生。当儿子突然喊出“钱会烂掉，音乐活在人的心里”这朴素的话语，这一刻，我们也都真正读懂了莫扎特。

第18堂课

文学梦

18

Lesson 18

为你打开一扇门

——《中国学生必读文库文学卷》序

世界上有无数关闭着的门。每一扇门里，都有一个你不了解的世界。求知和阅世的过程，就是打开这些门的过程。打开这些门，走进去，浏览新鲜的景物，探求未知的天地，这是一件激动人心的事情，也是一些乐趣无穷的过程。一个不想开门探寻的人，必定会是一个在精神上贫困衰弱的人，他只能在这些关闭的门外无聊地徘徊。当别人为大自然和人世间奇妙的景象惊奇迷醉时，他却在沉睡。

世界上没有打不开的门。只要你愿意花时间，花工夫，只要你对门里的世界有着探索和了解的愿望，这些门一定会在你面前洞开，为你展现新奇美妙的风景。

在这些关闭着的门中，有一扇非常重要的大门，这扇门上写着两个字：文学。

文学是人类感情的最丰富最生动的表达，是人类历史的最形象的诠释。一个民族的文学，是这个民族的历史。一个时代的优秀文学作品，是这个时代的缩影，是这个时代心声，是这个时代千姿百态的社会风俗画和人文风景线，是这个时代的精神和情感的结晶。优秀的文学作品中，传达着人类的憧憬和理想，凝集着人类美好的感情和灿烂的智慧。阅读优秀的文学作品，对了解历史，了解社会，了解自然，了解人生的意义，是一件大有裨益的事情。文学作品对人的影响，是潜移默化的。阅读文学作品，是一种文化的积累，是一种知识的积累，也是一种感情和智慧的积累。大量地阅读优秀的文学作品，不仅能增长人的知识，也能丰富人的感情。作为一个有文化有修养的现代文明人，如果对文学一无所知，那是不可想象的。有人说，一个从不阅读文学作品的人，纵然他有着“硕士”“博士”或者更高的学位，他也只能是一个“高智商的野蛮人”。这并不是危言耸听。亲近文学，阅读优秀的文学作品，是一个文明人增长知识，提高修养，丰富情感的极为重要的途径。这已经成为很多人的共识。

古今中外，优秀文学作品的库藏浩如烟海，在这样一套规模不算太大的文学选本中，要想全面地展示文学史，把前人创造的文学精华和盘托出，并不可能。这套文学作品的选本，只是从文学的百花园中采了一些的花卉，只是从文学的海洋里捧出了几朵晶莹的浪花，但愿读者能从这些花卉和浪花中认识花园和海洋的魅力，进而产生这样的欲望：去探寻这美丽的大花园，到这迷人的大海中扬帆远航……

我曾经写过一段文字，题目是《致文学》，这段文字，是我和文学的对话，表达了我对文学的一些想法。让我把这段文字引在这里，愿它们能引起青少年读者对文学的兴趣，并以它们作为这篇序文的结尾，也作为这部文学选本的先导。

你是广袤的大地，是辽阔的天空，你是崇山峻岭，是江海湖泊，你用彩色的文字，描绘出世界上可能存在的一切美妙景象。不管是壮阔雄奇的，还是精微细致的，不管是缤纷热烈的，还是深沉肃穆的，你都能有声有色地展现。你使很多足不出户的人在油墨的清香中游历了五光十色的境界。

你告诉人们，人生的色彩是何等丰富，人生的旅途又是何等曲折漫长。你把生活的帷幕一幕一幕地拉开，让无数不同的角色在人生的舞台上演出激动人心的喜剧和悲剧。你可以呼唤出千百年前的古人，请他们深情地讲述历史，也可以请出你最熟悉的同代人，叙述人人都可能经历的日常生活。你吐露出的喜怒哀乐，使人开怀大笑，也使人热泪沾襟……

你是遥远的过去，是刚刚过去的昨天，也是无穷无尽的未来，你把时间凝聚在薄薄的书页之中，让读者的思想无拘无束地漫游在岁月长河里，尽情地浏览两岸变化无穷的风光。你是现实的回声，是梦想的折光，是平凡的客观天地和斑斓的理想世界奇异的交汇。

有时候，你展现漫长的历史，有时候，你只是描绘一个难忘的瞬间。如果你真实、真诚，如果你是真实人生的写照，是跌宕命运的画像，那么，人们在你的面前发出情不自禁的感叹是多么自然的事情。你是一双神奇的大手，拨动着无数人的心弦。你在人心中激起的回响，是这个世界上最激动的声音。人心是无边无际的海洋，这个海洋发出的声响，悠远而深沉，任何声音都无法模拟无法遮掩。

你是一个真诚而忠实的朋友，你只是为热爱你的人们默默奉献，把他们引入辽阔美好的世界，让他们看到世界上最绮丽的风景，让他们懂得人生的真谛。只要愿意和你交朋友，你就会毫无保留地把心交给他们。你永远不会背叛热爱你的朋友，除非他们弃你而去。

你是一扇神奇的大门，所有愿意走进这扇大门的人，都不会空手而归。而对那些把你当作追名逐利的敲门砖的人，你会把你的门关得很紧。

文学，有一颗年轻的心

很多年前，我孑身一人在荒僻的乡村，前途渺茫。面对着寥廓旷野，面对着苍茫天空，面对着在夜风中飘摇的一茎豆火，我沉迷在文学书籍中，沉迷在写作中，阅读和写作，使我忘却了身边的困境，忘却了物质生活的匮乏，忘却了孤独。那时，我不到二十岁，身体瘦弱，沉默寡言，常常一个人在田野里沉思冥想。文学，像流动的泉水，滋润着我年轻而干渴的心灵。因为有了文学的陪伴，我的日子变得有生机，有希望，有期冀。幻想的翅膀携着我上天入地，穿越古今，抵达我希望抵达的任何地方。文学为一个生活在困顿迷惘中的年轻人展现了辽阔的空间，让我自由飞翔。那时，我没有想过要当作家，喜欢读书和写作的感觉，犹如一个绝望的落水者在即将被淹没时抓到了救命稻草，而这稻草，渐渐变成了航船，载着我开始了美妙的远航。

20世纪70年代末，我在大学读书。那时，文学是多少年轻学子追求的梦想。我们组织文学社，自己办油印的文学刊物，在教学楼和宿舍的走廊里贴出自己创作的小说、散文和诗。每次我们把新作贴出来后，那些简陋的张贴栏前，人头涌动，议论纷纷，那种认真和热情，至今想起来仍让人感动。还记得我们办过一次诗歌朗诵会，学校的大礼堂里挤满了人，走廊里也站满了人，而外面的学生还在往里面涌，维持秩序的同学只能关上大门。人们为诗歌而来，为文学而来，为心中的理想而来。虽然礼堂里人挤人，但朗诵时场子里一片寂静，诗歌在年轻人的呼吸中回旋，晶莹的诗句引导着年轻的心灵飞向四面八方。

20世纪七八十年代之交，我仍在上大学。那时，我曾在上海最热闹的南京路上组织主持过一个诗社，诗社的成员都是年轻人，有工人、教师、机关公务员，也有农民。每逢周末，年轻的诗人们从城市的四面八方赶来，最年轻的田园诗人来自几十公里外的南汇海滨。我们聚集在当年“先施公司”的屋顶花园，围坐在一起互相吟诵自己新写的诗。那些漾着火花和泪光的眸子，至今仍在我眼前闪动，那些不太流畅却真诚激动的声音，至今仍在我耳畔飘萦。当年的诗社成员，大多并没有因为写诗而升官发财，很多人还在干自己的老本行，但他们人人都珍惜那段和诗歌联系在一起的青春时光。

20世纪80年代初，我在《萌芽》杂志当诗歌散文编辑。除了自己写作，每天接触大量来稿，投稿者大多是年轻人。那时，每天都能收到一麻袋来信和来稿。来稿大多是幼稚而不成熟的，但那些歪斜的字迹中时常会有让你眼睛发亮的字句跳出来。我编发很多年轻作者的文字，也给他们写信。我早已忘记那时曾给来稿者写过多少回信。那个时代，和今天有了很大的变化，电脑和网络改变了我们的生活，也使文学传播的途径有了巨大的革新和拓展。曾经被冷落的文学创作，因此而吸引的年轻人的目光，这是令人欣喜的事情。

这些年，我一直在文学的道路上摸索着往前走。写作对有些人来说也许是一种追求时髦、与时俱进的事业，而我却始终认为，这应该是一件以不变应万变的事。这是我自己选择的一种生活，是我的人生。万变的是世事，是永远花样出新的时尚，不变的应该是一个写作者的心境，是他对人生的态度，即所谓在喧嚣中寻宁静，在烦扰中求纯真。这几十年，我努力让自己保持这样的心境。我曾经在一篇文章中说：岁月和命运如曲折湍急的流水，蜿蜒于原野山林，喧哗，奔流，定无轨迹。在水中，你可以是浮萍游鱼，随波逐流，可以漂得很远，却不知所终；你也可以是一块礁石，任激流冲击，浪花飞溅，却始终保持着自己的安静和沉着。我愿意做一块礁石。

文学曾经陪伴我度过曲折的青年时代，我的青年时代因此而变得丰富而激情多姿。现在我已经两鬓斑白，但我总还是觉得自己心和年轻时一样，对世界充满好奇，对未来的生活有所期盼，因此还要不断地思索和表达，不断地写。生理的青春正在渐渐远去，但心灵却因为有文学陪伴而依然保持着青春的激情，这也是一种幸运。我知道我们这一代人终将被更年轻的一代取代，这是不以谁的意志为转移的，是自然法则。看到年轻的一代崭露头角，我发自内心地为他们喝彩叫好。

文学是属于年轻人的，离开了青年，文学便无所谓繁荣和兴盛。如果年轻人都对文学失去了兴趣和向往，那么，文学就真的走到了末路。不过我相信这样的情形是不会出现的。年轻人喜欢梦想，一切在现实中难以获得的美妙，在文学中都可以创造，一切在现实中遭遇的问题，在文学中都可以探讨。文学中有梦想，有对未来的憧憬，更有对现实观察、思索和希冀。人生有多么丰繁曲折，文学就有多么丰富多彩。我想，只要人类不否定自己创造的文明和美，文学就不会被青年拒绝，文学就有存在发展的理由。

文学不应是功名利禄的敲门砖，而是人生忠诚而美好的旅伴。

在20世纪末，文学曾一度被人认为走向末路，再无法激动人心，改变生活。然而事实并非如此，过去的岁月已经一次又一次证明，文学是不会灭亡的，因为，文学有一颗永远年轻的心。

阅读提示

文学究竟是什么

现在非常流行一句话："世界那么大，我想去看看。"然而，依靠自己的脚步丈量世界毕竟有限，所幸还有文学。那些一代又一代人的书写，书写外部世界与人类的内心，书写各种各样的人生经历，温暖或者从容，奇崛甚至荒诞，芸芸众生悲欢离合，使得我们可以在有限的一生中，通过文学阅读，来间接体验到生活的无限的可能性。文学是传递也是分享，是一个人将自己写下，与亿万人分享，它的力量超越了时间与空间。当你失意的时候，千年前的一首诗会令你潸然泪下，短短几行字，触动你那一刻的心弦。你愤怒的时候，千里之外一阕先哲慧语会令你平静，好像细雨浇熄火苗。阅读如此，写作更是如此。

在这两篇散文中，作者以自己的经历，诉说文学的意义。在漫长孤独的乡村生活中，文学是拯救也是希望。在校园里，文学是呼朋引伴的暗号。在杂志社，文学是工作更是惊喜。"这些年，我一直在文学的道路上摸索着往前走。写作对有些人来说也许是一种追求时髦、与时俱进的事业，而我却始终认为，这应该是一件以不变应万变的事。这是我自己选择的一种生活，是我的人生。万变的是世事，是永远花样出新的时尚，不变的应该是一个写作者的心境，是他对人生的态度，即所谓在喧嚣中寻宁静，在烦扰中求纯真。"这就是一个深怀文学梦者的肺腑之言。

作家走进校园

ZUOJIA ZOUJIN XIAOYUAN